Thomas Blasche

Glücksorte am Bodensee

Fahr hin und werd glücklich

Droste Verlag

Für Angela und Leonie

Vielen Dank für eure Geduld und die Unterstützung.

Vorwort

Liebe Leser,

tief im Süden gehört die Bodenseeregion zu den beliebtesten Urlaubszielen in Deutschland. Konstanz, Meersburg, Pfahlbauten – schnell hat man die üblichen Highlights der Region ausgemacht. Doch wo findet man dazu auch noch einen Glücksmoment? Das Glück am Bodensee findet sich oft im Detail, in einem Moment, oft auch abseits der Masse und den bekannten Orten.

Die Bodenseeregion – das ist nicht nur eine Landschaft. Sie ist vor allem geprägt von Geschichte, von lebendiger Geschichte und von Geschichten – den Menschen, die heute die Region ausmachen.

Ich empfinde es als persönliches Glück, hier geboren und aufgewachsen zu sein und hier leben zu dürfen. Wenn ich als Fotograf mit der Kamera unterwegs bin, ist es ein besonderes Glück, wenn ich zum richtigen Zeitpunkt am richtigen Ort bin. Die Bodenseeregion ist eine ständige Entdeckung.

Die Auswahl für dieses Buch war nicht leicht. Bekannte Ziele wollte ich nicht ignorieren, aber auch nicht so einfach aufnehmen, wie sie in allen Reiseführern zu finden sind. Daher findet der Leser in diesem Buch individuelle Details der Orte, die das Besondere hervorheben und eben nicht so bekannt sind. Hinzu kommt die persönliche Begegnung mit den Menschen der Region. Das ist vielleicht das Wertvollste und das, was mich während des Schreibens immer wieder glücklich gemacht hat. Ja, die Menschen hier sind etwas wortkarg. Doch lässt der Besucher ihnen etwas Zeit, dann entwickeln sich doch ganz schöne Gespräche. Und das Besondere dabei: Diese sind dann von einer Tiefe und Nähe geprägt, wie man sie selten erlebt – so sind sie, die Alemannen und Schwaben.

Glücklich kann der Besucher am Bodensee sicher auch sein, wenn er tagelang am Strand liegt und im Wasser plantscht oder von einem Segel- oder Motorboot aus die Zeit vorwiegend im See verbringt. Doch dabei würde er viel Interessantes und Entdeckenswertes verpassen.

In diesem Sinne: Lassen Sie sich von mir mitnehmen auf eine Reise zu den Glücksorten – denn die Bodenseeregion hat noch sehr viel Platz für Entdecker …

Ihr Thomas Blasche

Inhaltsverzeichnis

1 Vogl – nicht Vogel …
Das Voglhaus in Konstanz 8

2 Natur pur
Der Mindelsee in Radolfzell 10

3 Ein persönlicher Glücksort
Der Landgarten in Überlingen 12

4 Sommer, Sonne, Strand
Am Sandseele auf der
Insel Reichenau 14

5 Brautschau in der Nacht
Glühwürmchen auf dem
Waldfriedhof Schaffhausen 16

6 Mit Blick über den Bodensee
Kässpätzle beim Seibl-Wirt
in Lochau 18

7 Mehr als nur ein Bett
Das Mietwerk in Lindau 20

8 Der Spätzle Highway
Der Hegaublick von der A81 22

9 Kloster ohne Kirche
Der Campus Galli in Meßkirch 24

10 Aus wenig viel machen
GlasArt Roy Braunwarth
in Konstanz 26

11 Wenn die Sonne lacht
Im Strandbad
Ludwigshafen 28

12 Kultur trifft Genuss
Der Theaterstadl am
Gehrenberg 30

13 Ein Café, das man nie vergisst
Das Vergissmeinnicht auf der
Insel Mainau 32

14 15 Minuten Glück
Die Autofähre Konstanz-
Meersburg 34

15 Dresscode nicht nötig
Das Restaurant Schloss Seeburg
in Kreuzlingen 36

16 Glück braucht Geduld
Unterwegs am Rohrspitz 38

17 Der, der die Fäden zieht
Die Marionettenoper
in Lindau 40

18 Edles vom Bodensee
Das Weingut Aufricht
in Meersburg 42

19 Lebendige Architektur
Die Naturata Überlingen 44

20 Wenn es eng wird …
Schifffahrt Untersee und
Rhein 46

21 Einmal Cowboy sein
Kuhtrekking beim Bolderhof
in Hemishofen 48

22 Zwischen Eis und Büchern
Spaziergang an der Promenade Überlingen 50

23 Flammkuchen auf Badisch
Die Wirtschaft zum Kranz in Liggeringen 52

24 Mein Name ist Bond
Die Seebühne in Bregenz 54

25 Das flüssige Brot
Die Ruppaner Brauerei in Konstanz 56

26 Da fließt noch viel Wasser
Der Rheinfall bei Schaffhausen 58

27 Zwei, die sich verstehen
Wissingers im Schlechterbräu und valentin in Lindau 60

28 Vom Glück der Heimat
Maria im Stein 62

29 Deutschlands beste(r) Bäcker
Die Bäckerei Neyer in Heiligenberg 64

30 Wie Napoleon hierhin kam
Das Napoleonmuseum im Schloss Arenenberg 66

31 Steine balancieren und baden
An der Malerecke in Langenargen 68

32 Lass dein Haar herunter …
Der Mangturm am Lindauer Hafen 70

33 Es glitzert und glänzt
Der Weihnachtsmarkt in Konstanz 72

34 Wo einst der Galgen stand
Auf der Blattform bei Bohlingen 74

35 Fischers Fritz …
Die Fischerei Lang in Iznang 76

36 Unterwegs in Mostindien
Die Mosterei Möhl in Arbon 78

37 Achtung Elch
Hinauf zum Höhengasthaus Haldenhof 80

38 Eine Oase für die Kunst
Handwerk auf der Hochwart 82

39 Bretter für die Welt
Das Theater Konstanz 84

40 An Gaul buddza
Der schwäbisch-alemannische Mundartweg 86

Inhaltsverzeichnis

41 Hoch hinaus
Der Säntis 88

42 Natur zum Anfassen
Die inatura Dornbirn 90

43 Hopfen und Malz …
Das Hopfengut No 20
in Tettnang 92

44 Auf den Gleisen strampeln
Eine Fahrt mit dem Schienenvelo
bei Etzwilen 94

45 Ein kleiner Italiener …
Die Bodensee-Schiffsbetriebe 96

46 Mehr als 32 Zähne
Zum Witzweg bei
Walzenhausen 98

47 Wo die Liebe hinfällt
Ekkehard auf dem Hohentwiel 100

48 Straubeze und Holundermus
Das Freilichtmuseum
Neuhausen ob Eck 102

49 Die Kurtisane von Konstanz
Die Imperia 104

50 Herbstblues adé
Beim Fesslerhof am
Eichenberg ....,...........106

51 Wilhelma am Bodensee
Das Wasserschloss Montfort
in Langenargen 108

52 Jahrhundertbauwerk
Das Rhein-Schauen Museum
mit Bahn 110

53 Das Auge liest mit
Die Stiftsbibliothek in
St. Gallen 112

54 Zur eigenen Mitte finden
Auf der Klosterinsel Werd 114

55 Es piekst überhaupt nicht
Das Strohhotel in Frasnacht 116

56 Veronika, der Lenz ist da…
Der Blütenweg bei Sipplingen 118

57 An der Mole, letzter Baum
Sepp Bögle in Radolfzell 120

58 Der liebe Augustin
Das Lesecafé Augustin in
Lindau 122

59 Einfach mal die Klappe halten
Das Kloster Salem 124

60 Rien ne vas plus
Das Spielcasino in Konstanz 126

61 Die Zeit steht still
Die Hofanlage Milz bei
Kressbronn 128

62 Film ab – Film läuft
*Kammer, Tivoli und Cinegreth
in Überlingen* 130

**63 Wo Herzen
höher schlagen**
*Das Wolford Outlet
in Bregenz* 132

64 No e wili
*Die Fassadenmalereien von
Stein am Rhein* 134

65 Ein königliches Schiff
*Der historische Raddampfer
Hohentwiel* 136

66 Auf Sand gebaut
*Das Sandskulpturenfestival
in Rorschach* 138

67 Alte Kost neu entdeckt
*Die Dietrich-Kostbarkeiten
in Lauterach* 140

**68 Glück auf den
zweiten Blick**
*Das Naturfreundehaus
Bodensee in Radolfzell* 142

**69 Von Dagobert –
nicht Duck**
Die alte Burg Meersburg 144

**70 Der über das
Wasser läuft**
Stand-Up-Paddling 146

71 Kraftort im Thurgau
Die Kartause Ittingen 148

**72 Und hinten noch
ein Kringel**
*Unterwegs mit der
Wutachtalbahn* 150

**73 Neue Tracht für
Lampen**
*Strolz Leuchten in
Bregenz* 152

**74 Wasserturm mit
Kaffee**
Im esszimmer in Konstanz 154

**75 Man soll nicht alles
glauben**
*Das Kavalierhaus
Langenargen* 156

76 Geist sticht Kapital
*Das Dornier-Museum in
Friedrichshafen* 158

77 Der Ball ist rund ...
*Verrücktes Golf im Seepark
Linzgau* 160

**78 Eine Perle der
Renaissance**
Das Schloss Heiligenberg 162

79 Auf in den See
Die Badhütte in Rorschach 164

80 Im siebten Himmel
Die Wallfahrtskirche Birnau 166

Vogl – nicht Vogel ...

1 *Das Voglhaus in Konstanz*

Es hat nichts mit dem alemannischen Dialekt zu tun, dass das Voglhaus ohne „e" geschrieben wird. Der Name der Besitzerin ist eben Vogl und nicht Vogel – auch wenn das Voglhaus von den Konstanzern so ausgesprochen wird, als hätten sie das „e" nur verschluckt (was im alemannischen Dialekt durchaus oft vorkommt).

Das ursprüngliche Voglhaus ist der kleine Laden in der Münzgasse. Mit einigen Tischen wurde hier eine Kombination aus einem Kaufhaus und Kaffee geschaffen. Erst später kam noch das Kaffee an der Ecke Münzgasse/Wessenbergstraße dazu. Wie so oft befindet man sich hier in einem echten historischen Gebäude der Konstanzer Altstadt. Nur mit dem Unterschied, dass hier noch das „echte" alte Parkett auf dem Boden liegt. Es knarzt und knarrt, wenn man darüber geht – und genau das macht diesen Ort auch zu einem Original. Wer das Glück hat, begegnet auch einmal Frau Vogl, die dann in einem netten schwäbischen Dialekt für jedes Gespräch offen ist.

Der Ausflug ins Voglhaus ist eine Entdeckungsreise. Das beginnt bei den exotischen Kaffee- oder Teesorten und geht weiter über das Sortiment an Kleinigkeiten für das Bad, das Wohnzimmer oder außergewöhnlichen Kleidern. Es ist die Mischung aus der Provence und Indien, die diesen Ort ausmacht. Was auf den ersten Blick wie die Auslage einer guten Konditorei scheint, entpuppt sich als Badepralinen, angereichert mit Kräutern oder Blüten. Und dem Liebhaber süßer Leckereien sind unbedingt die dunkelbraunen Schoko-Cookies zu empfehlen. Mehr Schokolade im Gebäck geht nicht.

Ein kleiner Tipp – man (frau) sollte hier unbedingt auf die Toilette gehen. Eine schmale Steintreppe führt in den Keller und verbindet das alte Voglhaus mit dem neuen Voglhaus-Kaffee. Neben Vogelgezwitscher (hier richtigerweise mit „e") gibt es einige Überraschungen mehr ... Soviel sei schüchternen Frauen verraten: Nicht von der durchsichtigen Toilettentür irritieren lassen – sobald sie geschlossen ist, sind Sie vor indiskreten Blicken geschützt. Wie's funktioniert? Zauberei ...

○ Voglhaus, Wessenbergstraße 8, 78462 Konstanz
www.das-voglhaus.de
○ ÖPNV: Ab Bahnhof Konstanz ca. 5 Minuten Fußweg

Natur pur

2 Der Mindelsee in Radolfzell

Gibt es etwas schöneres, als bei großer Hitze die Kleider abzuwerfen und einfach ins Wasser zu springen? Oder in einer sommerlichen Vollmondnacht in einem kleinen See zu baden? Genau diese spontanen und besonderen Erlebnisse sind an den kleineren Seen möglich, die sich rund um den Bodensee finden. Oft sind es zugängliche Naturschutzgebiete, kein Privatgrundstück, kein abgezäuntes öffentliches Bad – einfach Natur pur.

Der Bodensee ist ein Relikt der Würm-Eiszeit, das Becken wurde durch den aus dem Rheintal austretenen Rheingletscher geformt. Auch die kleineren Becken rund um den großen See entstanden durch diese letzte Eiszeit. Besonders schön ist der Mindelsee, der zwischen Markelfingen und Möggingen liegt. Von der ursprünglichen Länge von 10 Kilometern sind noch gerade zwei übrig, bei einer Breite von fast 600 Metern. Die maximale Wassertiefe beträgt lediglich 8 Meter – daher wärmt sich der Mindelsee im Frühsommer auch recht schnell auf. Wem das Bodenseewasser noch zu frisch ist, wird hier schon angenehme Badetemperaturen finden.

Schon seit 1938 ist der Mindelsee als Naturschutzgebiet ausgewiesen. Sowohl zum Erhalt des Sees als auch zum Schutz seltener Pflanzen und des Lebensraums für Wasservögel. Im Frühsommer freut sich der Pflanzenfreund über das Traunsteiner Knabenkraut oder das sehr seltene Sumpf-Glanzkraut. Auch Mittelspecht und Drosselrohrsänger geben sich hier ein Stelldichein. Am nordwestlichen Ende gibt es einen kleinen Badeplatz mit einem langen Holzsteg, der mitten ins kühle Nass führt. Wer mit dem Auto anfährt, parkt am besten kurz nach dem Ortsausgang von Möggingen auf dem Wanderparkplatz. Von dort geht es gut einen Kilometer zu Fuß zum Badeplatz.

Wer etwas mehr Zeit hat, der sollte unbedingt den Fußweg rund um den Mindelsee auf sich nehmen. Die 10 Kilometer schafft der Naturfreund in 2 bis 3 Stunden, da der Weg kaum Steigungen hat. Und zur persönlichen Belohnung gibt es ja das verdiente Bad im See.

▶ Mindelsee, 78315 Radolfzell

Ein persönlicher Glücksort

3 Der Landgarten in Überlingen

„Head, Heart and Hands" – alles muss in einer Balance sein. Hört man Sonja Frick sprechen, fällt zuerst ihr englischer Akzent auf. Geboren und aufgewachsen am Bodensee in einem landwirtschaftlichen Betrieb mit Gastronomie, flüchtete sie in jungen Jahren in die Welt. London wurde zum Mittelpunkt ihres Lebens. Hier studierte Sonja Frick Design und unterrichtete später an Universitäten.

Doch das Herz blieb am Bodensee. So stellte sie sich nach 30 Jahren die Frage: „Springe ich oder fliege ich?" Sie entschied sich für das Fliegen und kam wieder zurück in die Heimat. In Überlingen übernahm sie dann gleich einen kleinen Garten. Ihre Liebe zu Gärten hatte sie in England gefunden. Die Engländer haben ein Talent für die gepflegte Wildnis. Keine klaren Abgrenzungen wie in Deutschland, sondern bunte Mischungen und das Anliegen, die Dinge auch mal so sein zu lassen, wie sie sind.

Sonja Frick ist die Initiatorin des Landgartens Überlingen. Angeregt von den Prinzipien der Permakultur hat sie angefangen, im Herbst 2014 eine Wiese an der Schreibersbildkapelle mit Hilfe der Bodenlebewesen in ein Biotop für Menschen, Tiere und Pflanzen umzuwandeln. Das gepflegte Ungepflegte bietet Nahrung für Körper, Geist und Seele. Inspiration fand sie auch in den Menzinger Gärten – Gärten, die schon im Mittelalter der Versorgung der Bevölkerung in Überlingen dienten.

Heute unterrichtet Sonja Frick noch an verschiedenen Universitäten der Bodenseeregion. Aber ihr persönlicher Glücksort ist ihr Landgarten – hier tankt sie Kraft für den Alltag. Wenn sie da ist, steht die Tür offen und jeder ist willkommen, um sich umzuschauen, sich zu unterhalten, zu lernen und zu genießen. In Zusammenarbeit mit Naturfreunden bietet Sonja verschiedene Workshops an, bei denen es dann zum Beispiel eine Gänseblümchensuppe oder Küchenkräuter zum Mitnehmen gibt. Das herzliche Zusammensein und der Austausch von Informationen stehen dabei im Vordergrund. Für jeden Besucher ist der Landgarten eine Oase des Glücks, die man nicht mehr verlassen möchte.

▶ Der Landgarten, Wilhelm-Beck-Straße 35, 88662 Überlingen
www.derlandgarten.org
▶ ÖPNV: Ab Bahnhof Überlingen Therme ca. 10 Minuten Fußweg

Sommer, Sonne, Strand

4 *Am Sandseele auf der Insel Reichenau*

Die Insel Reichenau ist die größte Insel im Bodensee, vor allem bekannt als Gemüseinsel und wegen des Klosters. Als der heilige Pirmin im Jahr 724 die Insel betrat, sollen Schlangen, Kröten und Gewürm die Insel fluchtartig verlassen haben. Die bildliche Darstellung dieses Ereignisses ist im Münster Mittelzell zu sehen. Durch einen Damm ist die Insel mit dem Festland verbunden. Wenn einmal so richtig Hochwasser ist, wie z.B. 1993, dann kann es für die Reichenauer schon einmal einsam werden. Denn dann ist der Damm nicht mehr mit dem Auto befahrbar und die Versorgung erfolgt nur noch mit Booten und Schiffen. Vielleicht auch deshalb kennt man die Reichenauer als ein etwas eigenes, aber durchaus nettes Volk.

Das Besondere an dieser Insel ist ihr Strand. Denn so richtige Sandstrände sind am Bodensee die Ausnahme. Oft ist das Ufer mit Kiesel oder größeren Steinen bedeckt. Nicht so das Sandseele am Westende der Reichenau mit gleichnamigem Campingplatz. Es ist der Ort schlechthin, um an einem schönen Sommerabend so richtig zu entspannen. Eine Caipirinha, ein schönes Hefeweizen oder einfach eine Cola, sich dann gemütlich in den Sand setzen und darauf warten, wie die Sonne farbenfroh hinter der Halbinsel Höri verschwindet. Nebenbei noch die Segler oder die Surfer beobachten, das Ganze unter Palmen – fast wie in der Karibik. Und wenn es so ein richtig warmer und drückender Sommerabend ist, dann hat der gut vorbereitete Sandseele-Besucher die Badesachen dabei, um noch einmal in den See zu hüpfen.

Wer nun meint, das Sandseele wäre nur ein Ziel in den Sommermonaten, der hat weit gefehlt. Gerade der Untersee zwischen Reichenau und Höri ist ein ideales Revier für Kitesurfer. Die Wassertiefe beträgt hier maximal 20 Meter. In den Wintermonaten bläst oft ein kräftiger Wind über den See, sodass die Kitesurfer regelrecht über die Wasseroberfläche fliegen. Auch wenn dann die Gastronomie nicht mehr so üppig ist, ist es faszinierend, die fliegenden Segler zu beobachten.

••

▶ **Campingplatz Sandseele, Zum Sandseele 1, 78479 Insel Reichenau, www.sandseele.de**
▶ **ÖPNV: Bus 7372, Haltestelle Stedigasse/Anlegestelle, Reichenau**
oder mit der Fähre z.B. ab Allensbach, Konstanz oder Stein am Rhein
Fahrpläne unter www.bodenseeschifffahrt.de

Brautschau in der Nacht

5 · *Glühwürmchen auf dem Waldfriedhof Schaffhausen*

Wir sind auf dem Waldfriedhof Schaffhausen. Die Sonne ist schon seit mehr als einer Stunde untergegangen und die Dämmerung setzt ein. Eher eine Zeit, in der die meisten den Friedhof verlassen … Hier ist es ganz anders: Mit zunehmender Dunkelheit kommen die Besucher, um einem ganz besonderen Schauspiel beizuwohnen – der Liebesnacht der Glühwürmchen.

Glühwürmchen sind keine Würmer, sondern Käfer mit Flügeln – auch Leuchtkäfer genannt. Weltweit sind etwa 2000 verschiedene Arten bekannt. Bei den einen leuchtet nur das Weibchen, bei anderen Männchen und Weibchen. Die Leuchtsignale werden ausgesendet, damit sie zur Paarung zueinander finden. Die Paarungszeit dauert meist von Mitte Juni bis Mitte Juli, abhängig von der Witterung.

Auf dem Waldfriedhof Schaffhausen findet sich die größte Glühwürmchen-Population der Schweiz. Warum gerade hier? Vermutlich weil der Friedhof relativ naturbelassen ist und unter ökologischen Gesichtspunkten gepflegt wird. Es gibt große Flächen mit niederem Gebüsch, welches Schutz und Unterschlupf für die Käfer bietet. Am Eingang informieren mehrere Tafeln die Besucher über die kleinen Leuchtkäfer. Ebenso werden Verhaltensregeln aufgestellt: Es sollen weder Taschenlampen noch Kamerablitze verwendet werden – wer möchte schon in der Liebesnacht durch Konkurrenten gestört werden? Am besten setzt man sich auf eine Bank und lässt es dunkel werden. Hat sich das Auge an die Dunkelheit gewöhnt, kann man auch herumspazieren. Erst kommen einzelne Glühwürmchen in den dunklen Ecken zum Vorschein. Mit zunehmender Dunkelheit werden es mehr und mehr, bald fliegen tausende Leuchtkäfer durch die Nacht, um den einen Partner zu finden. Bis etwa Mitternacht dauert das Spektakel, um in der nächsten Nacht aufs Neue zu starten – so geht es einen ganzen Monat lang. Nachdem das Glück gefunden wurde, dauert das Leben der Glühwürmchen leider nicht mehr lange, denn beide Partner sterben kurz nach der Eiablage. Während der Paarungszeit fressen die Käfer nichts – sie leben nur von Luft und Liebe.

▶ Waldfriedhof Schaffhausen, Reinhardstrasse, CH-8200 Schaffhausen
www.stadt-schaffhausen.ch
▶ ÖPNV: Bus 1, Haltestelle Waldfriedhof

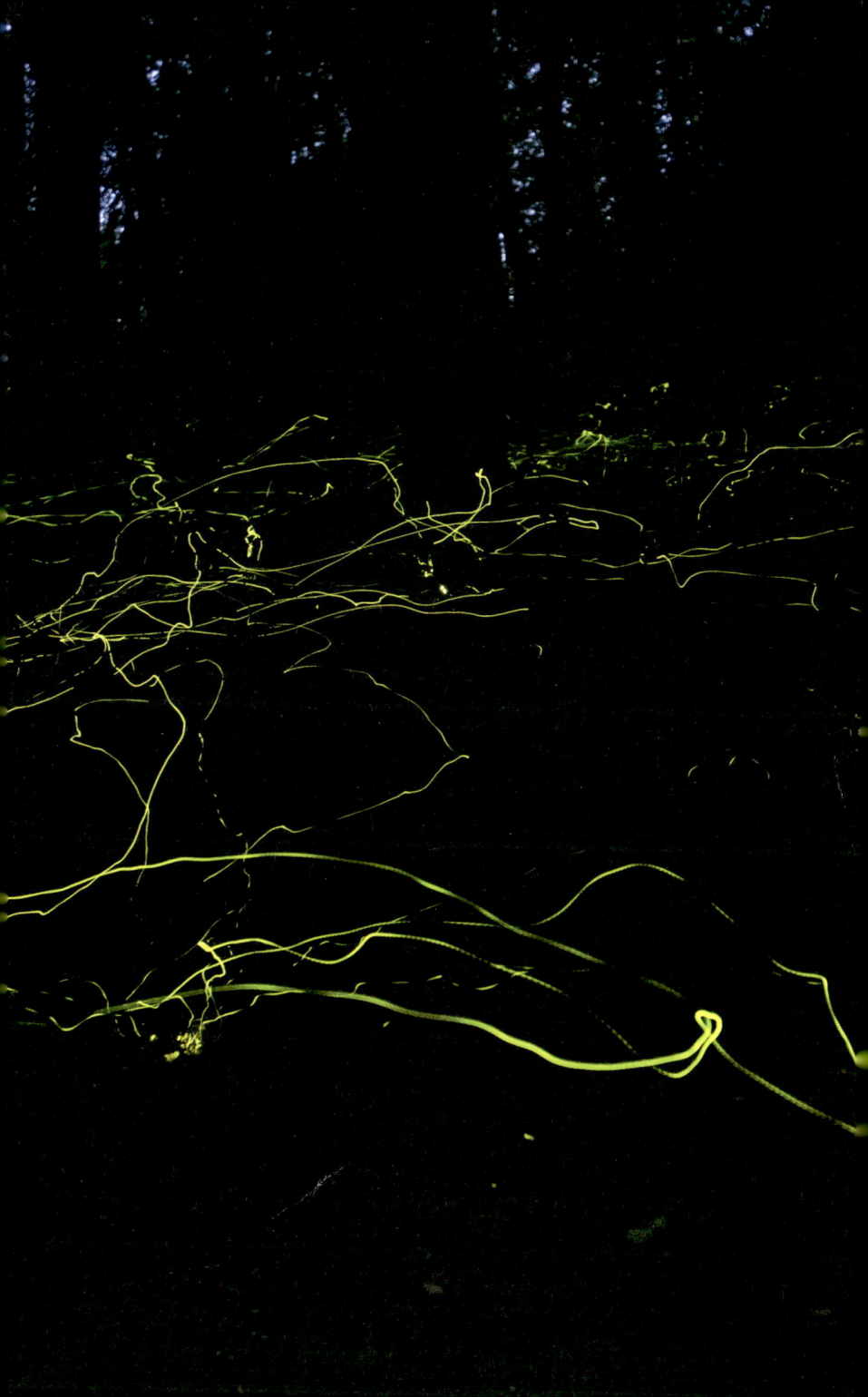

Mit Blick über den Bodensee

6 *Kässpätzle beim Seibl-Wirt in Lochau*

Das Hinterland rund um den Bodensee zieht sich überwiegend gemächlich in die Höhe. Eine Ausnahme bildet die Region um Bregenz bzw. Lindau. Mit dem 1062 Meter hohen Pfänder befindet sich hier die höchste Erhebung am Bodensee. Und auch von Bregenz geht es teilweise steil bergauf. Nicht ohne Grund gibt es an dieser Stelle die einzige Seilbahn am Bodensee.

Ebenso hoch findet man das Gasthaus Seibl oberhalb der kleinen Ortschaft Lochau. Zugegeben, es ist nicht leicht zu finden. Doch dank moderner Navigation ist dies kein Problem mehr. Besonders reizvoll beim Seibl-Wirt ist die große Terrasse, die oberhalb einer 50 Meter hohen Steilstufe liegt. Der ganz exponierte Tisch (für zwei) steht am Rand dieser Stufe – zu viel Alkohol im Laufe des Abends ist also nicht empfohlen. Aber hier auf der Terrasse den Sonnenuntergang bei leckerem Essen zu genießen, ist ein Erlebnis, das durch kaum ein anderes zu toppen ist. Der erste Blick geht hinunter auf die Landeshauptstadt Bregenz – am Abend ein einziges Lichtermeer. Auf dem See ziehen die Schiffe der Bodenseeflotte ihr Kielwasser. Dieser Blick über den Bodensee ist einfach einmalig. Dazu lässt man sich am besten eine Spezialität aus dem Allgäu (und natürlich auch aus Voralberg) schmecken: Käsespätzle (richtigerweise gesprochen Kässpätzle). Manche sagen, beim Seibl-Wirt gäbe es die besten Kässpätzle überhaupt. Gute Kässpätzle zeichnen sich vor allem durch einen würzigen Bergkäse aus, der gerieben unter die Spätzle gemischt wird. Der Bergkäse aus Vorarlberg reift drei bis 12 Monate in den Käsekellern, bevor er in den Verkauf gegeben wird. Sein kräftiger, würziger Geschmack ist genau richtig für solche Käsegerichte. Die Kässpätzle werden mit gerösteten Zwiebeln garniert und kommen dann noch einmal in den Ofen. Ob die vom Seibl-Wirt die besten sind oder nicht – mit einer besseren Aussicht über den Bodensee bekommt man sie jedenfalls nirgendwo anders serviert.

TIPP Da Käsegerichte auch einmal gerne schwer im Magen liegen, empfiehlt sich zum Abschluss ein Marillenschnaps - natürlich auch aus der Region.

Gasthaus Seibl, Oberhaggen 1, A-6911 Lochau
www.gasthausseibl.at

Mehr als nur ein Bett

7 *Das Mietwerk in Lindau*

„Willkommen zu Hause" – das ist der Slogan des Mietwerks in Lindau. Was hat man sich als Übernachtungsgast darunter vorzustellen?
Hostels entstanden in den 60er-Jahren vor allem in Australien und USA, um jungen Rucksackreisenden günstige Unterkünfte zu bieten. Günstig – das verbindet der Reisende in der Regel mit etwas schmuddelig, altbacken und einfach. Umso überraschter ist man beim Betreten des Mietwerks in Lindau. Trendig, junge, frische Farben. Alles sehr aufgeräumt. Sauber und geschmackvoll eingerichtet.
Einige Jahre organisierten Anette Papke und ihr Partner Aurel Sommerlad Kinder- und Jugendfreizeiten am Bodensee. Dabei merkten sie, wie schwierig es ist, günstige und gute Unterkünfte zu finden, denn Hostels gibt es hier kaum. Daraus entstand die Idee, etwas Eigenes zu machen. Geeignete Räumlichkeiten fanden die beiden in einer großzügigen Villa im Jugendstil in Lindau. In diesem Haus spiegelt sich die Lebensphilosophie der beiden wieder. Im Vordergrund steht nicht die Gewinnmaximierung, sondern das Wissen, mit dem eigenen Tun sowohl die Gäste als auch die Umwelt glücklich zu machen. Denn hier trifft man auf viel Bio und Öko – ganz im Sinne der Nachhaltigkeit. Selbstverständlich, dass das Haus mit Ökostrom versorgt wird. Um jedem Gast eine günstige Übernachtung anbieten zu können, kann das Bio-Frühstück mit regionalen Produkten separat gebucht werden. Und für kurze Ausflüge kann der Gast auch noch ein Fahrrad mieten. Die einfachsten Zimmer mit Etagendusche sind schon ab 36 Euro für die Nacht zu haben. Es gibt natürlich auch Doppelzimmer mit eigenem Bad und sogar ein 40 Quadratmeter großes Appartement – und selbst das ist relativ günstig im Vergleich zu anderen Angeboten am See. Wer es ganz exklusiv möchte, findet in der Ferienwohnung mit Seeblick sein Glück. Und das Schönste daran ist: Alle Räume sind auffallend individuell und liebevoll eingerichtet.
Anette Papke und Aurel Sommerlad haben Spaß am „Räumen" – also nicht wundern, wenn das gleiche Zimmer ein Jahr später etwas anders eingerichtet ist.

- Das Mietwerk, Holdereggenstraße 11, 88131 Lindau
www.dasmietwerk.de
- ÖPNV: Bus 1, 2, Haltestelle ZUP, ca. 5 Minuten Fußweg

Der Spätzle Highway

8 *Der Hegaublick von der A81*

Für jeden, der an den Bodensee mit dem Auto reist, stellt sich wahrscheinlich das erste Glücksgefühl bei der Fahrt auf der A81 beim Hegaublick zwischen Gisingen und Engen ein. Von ca. 800 Metern Meereshöhe schlängelt sich an diesem Punkt die A81 wie bei einem Riesenslalom in weiten Kurven hinunter auf ca. 450 Meter über dem Meeresspiegel und lässt jeden Autofahrer und Beifahrer wachsam schauen. Oft reicht der Blick bis weit in die Schweizer und Österreichischen Alpen hinein. Im Vordergrund grüßen keck die Hegauberge: Hohentwiel, Hohenkrähen, Hohenhewen, Hohenstoffeln und weitere – auch Hergotts Kegelspiel genannt. Der Hohenkrähen erscheint wegen seiner spitzen Form als der höchste der Hegauberge, doch wird er noch um mehr als 40 Meter vom Hohentwiel überragt.

1978 wurde das Autobahnteilstück der A81 von Stuttgart zum Autobahnkreuz Hegau fertiggestellt. Richtung Konstanz wurde zwar auch eine vierspurige Strecke weitergebaut, die aber durch das Nadelöhr Konstanz vor allem durch regelmäßige Staus bekannt ist. So bekam die A81 bei den Einheimischen schnell den leicht ironischen Namen Spätzle Highway. Sollte die Autobahn doch zunächst vor allem die Schwaben aus dem Ballungsraum Stuttgart schnell an den Bodensee bringen; denn der Weiterbau Richtung Schweiz war damals noch offen und wurde erst viele Jahre später Richtung Schaffhausen (CH) teilweise realisiert.

Auch wenn das Ziel nahe ist, lohnt es sich, eine Pause an der Raststätte Hegau zu machen, um diesen Blick zu genießen – insbesondere, wenn der Reisende diesen Punkt bei Föhnwetterlage oder zum Sonnenaufgang erreicht. Dann glänzt der Bodensee wie ein Spiegel, eingerahmt von den Hegaubergen im Vordergrund, dem Linzgau im Norden und den Alpen im Hintergrund.

Biker werden natürlich weiterhin den alten Hegaublick ansteuern, der an der L191 zwischen Engen und Geisingen liegt – bietet diese Strecke doch viel schönere (engere) Kurven und vor allem einen Ausblick, der noch einen Tick schöner und ursprünglicher ist, als der von der A81.

▶ Rastanlage im Hegau, an der A81
www.rastanlagenimhegau.de

Kloster ohne Kirche

9 *Der Campus Galli in Meßkirch*

Es ist eines der kostbarsten Stücke der Stiftsbibliothek St. Gallen: der Klosterplan aus dem 9. Jahrhundert, die früheste Darstellung eines Klosterbezirks im Mittelalter. Gezeichnet wurde er auf der Insel Reichenau im Auftrag des Klosters St. Gallen. Tatsächlich umgesetzt wurde der Plan nie.
2010 kamen der Deutsche Bert Geuten und die Schweizerin Verena Scondo auf die Idee, diesen Klosterplan umzusetzen. Geuten hatte eine Dokumentation über das französische Burgprojekt Guédelon gesehen, bei dem Menschen eine Burg mit den Mitteln des Mittelalters bauten – ohne Maschinen, ohne Strom.
In der kleinen Stadt Meßkirch, nahe dem Bodensee, fand ihre Idee Anklang. Auf einem Gelände unweit der Stadt sollen nun nur Techniken und Material aus der Zeit der Karolinger verwendet werden, um das Kloster nach dem St. Galler Klosterplan zu bauen. Doch die Kirche wird hier nie zu Hause sein. Das wurde im Pachtvertrag für das Grundstück festgelegt. Welche Kirche sollte das auch sein? Immerhin stammt der Klosterplan aus der Zeit vor der Reformation.

TIPP *Während einer Führung erfährt man Interessantes über das Leben im Mittelalter und zu den verschiedenen Handwerken - Nachfragen willkommen!*

Mit der Fertigstellung der Anlage ist frühestens in 50 Jahren zu rechnen. Hier läuft die Zeit eben langsamer. Die Menschen, die hier in historischen Gewändern an verschiedenen Stellen arbeiten, sind ehemalige Langzeitarbeitslose oder Aussteiger. Manche entfliehen auch nur für ein paar Wochen ihrem Alltag, um hier zu entschleunigen. Sie schippen Sand, schleppen Steine oder stampfen den Ton. Wenn gerade kein Maurer verfügbar ist, dann bleibt die Baustelle der Friedhofsmauer eben liegen – bis wieder ein passender Handwerker den Weg hierher findet, um daran weiterzuarbeiten. Und wenn die Axt des Zimmermanns kaputt ist, geht er zum Schmied, um sie reparieren zu lassen. Seit 2013 ist die Baustelle der Öffentlichkeit zugänglich – außer montags. Und auch wenn man hier nicht mit anpackt, wirkt der Besuch des Campus Galli entschleunigend. Klein und Groß, Handwerker oder Besucher werden hier in jedem Fall glücklich.

Campus Galli, Hackenberg 92, 88605 Meßkirch
www.campus-galli.de
ÖPNV: Die Busse 102 und 642 fahren ab April zum Campus Galli

Aus wenig viel machen

10 *GlasArt Roy Braunwarth in Konstanz*

Im kleinen Laden von Roy Braunwarth in der Gerichtsgasse im Konstanzer Stadtteil Niederburg glitzert und funkelt es kunterbunt, wohin man schaut. Roy Braunwarth sitzt an seiner kleinen Werkbank und lötet bunte Glasplatten aneinander. „Die Kunst", sagt er, „ist es, mit möglichst wenigen Teilen etwas auszudrücken."

Roy Braunwarth ist Kunstglaser – der letzte im Landkreis. Eine seiner liebsten Figuren ist der Engel. Als Schutzengel hängen die unterschiedlichsten Farbvarianten von der Decke und drehen sich im leichten Wind. Gerufen wird er auch, wenn eines der vielen Butzenfenster oder Bleiglasfenster der Stadt zu Bruch geht. „Im Konstanzer Konzil kenne ich jedes Fenster", berichtet er schmunzelnd.

In der Zeit des Mittelalters war großflächiges Glas unbekannt. So wurden kleinere Glasscheiben in Blei gefasst und so zu einem großen Fenster. Die Leute im Mittelalter machten also aus ihrem Nachteil eine eigene Kunstform. Heute ist der Kunstglaser ein eigener Berufszweig.

Roy Braunwarths Leidenschaft ist die Folientechnik. Hier werden die Glasteile mit Kupfer verbunden und in einem späteren Arbeitsgang mit Zinn foliert. Mit dieser Technik sind wesentlich feinere Stege möglich als bei der Bleiverglasung. Eine andere Technik ist die Schmelztechnik. Im Ofen werden verschieden farbige Glasteile arrangiert und verschmelzen zu einem Gesamtbild. Häufig fertigt er ganze Bilder nach Kundenwunsch. Auch alte Tiffany-Lampen sucht er und repariert wenn nötig einzelne Glasteile. Glück, das sind für Roy Braunwarth „Dinge, die man in die Hand nimmt und so schön sind, dass man sie nicht mehr hergeben möchte".

Sein kleiner Laden mit Werkstatt befindet sich im ältesten Stadtteil von Konstanz und liegt etwas abseits der großen Touristenströme. Deshalb ist Roy Braunwarth auch immer wieder auf Märkten zu Gast. Auch auf dem Konstanzer Weihnachtsmarkt finden die Besucher ihn – natürlich mit seinen Schutzengeln. Dann können diese auch einmal etwas weihnachtlicher sein – mit Trompete und so. Und wenn dieser Schutzengel den Beschenkten beschützt, dann ist das echtes Glück.

GlasArt Roy Braunwarth, Gerichtsgasse 6, 78462 Konstanz
www.glasart-konstanz.de
ÖPNV: Bus 1, 2, 3, 9, Haltestelle Bürgerbüro

Wenn die Sonne lacht

 Im Strandbad Ludwigshafen

Glücklich ist Davide, wenn früh morgens schon die Sonne lacht. Dann sind die Chancen auf viele Besucher im Strandbad Ludwigshafen gut. Wenn dann auch noch Wochenende ist, muss er sich auch gleich entsprechend organisieren. Einen Schüler für die Kasse. Sind genügend Würstchen und Pommes da? Den Getränke-Vorrat prüfen, denn Durstlöscher gehen immer weg.

Seit etwa zehn Jahren betreut Davide das Strandbad in Ludwigshafen. Er genießt es, am Morgen aufzuschließen und seinen Arbeitsplatz direkt am Bodenseeufer zu betreten. Einen schöneres Fleckchen zum Arbeiten kann man kaum haben. Denn das Strandbad in Ludwigshafen hat einen ganz besonderen Charme. Der denkmalgeschützte Holzbau kann fast 100 Jahre Badegeschichte erzählen. Besonders neckisch sind die Umkleidekabinen mit den Original-Nummern von damals. Wie mag es hier Anfang des 20. Jahrhunderts gewesen sein?

1826 wurde der neue Hafen von Sernatingen durch Großherzog Ludwig auf den Namen Ludwigshafen getauft. Die Bewohner wünschten sich dann den Namen Ludwigshafen für den ganzen Ort – so wurde aus Sernatingen die Gemeinde Ludwigshafen. Ende des 19. Jahrhunderts erreichte auch die Bodenseegürtelbahn die Stadt. Damit war wohl endgültig der Tourismus am Bodensee angekommen. Doch bevor es solche öffentlichen Strandbäder am Bodensee gab, waren die Möglichkeiten zum Schwimmen sehr eingeschränkt. Ab und an sieht man am Bodenseeufer, wie im gegenüberliegenden Bodman, einzelne Badehäuschen. Von ihnen führt ein Steg von einem Privatgrundstück in den See. Die Gesellschaft konnte sich in diesen Häuschen umkleiden und über eine Treppe in den Badesee gelangen. Viele konnten noch nicht richtig schwimmen – im Vordergrund stand die Abkühlung. Auch beim Strandbad Ludwigshafen ist das Wasser zuerst relativ flach, bevor es an der sogenannten Halde steil abfällt.

> **TIPP** In den Sommermonaten bietet Davide an den Wochenenden auch Frühstück im Strandbad an – glücklicher kann man den Tag kaum beginnen.

Strandbad Ludwigshafen, Seehalde 8, 78351 Bodman-Ludwigshafen
www.strandbad-ludwigshafen.de
ÖPNV: Ab Bahnhof Ludwigshafen ca. 10 Minuten Fußweg

Kultur trifft Genuss

 Der Theaterstadl am Gehrenberg

Christoph Sonntag, Dieter Nuhr, Olaf Schubert, Gerhard Polt, Ottfried Fischer, Django Asül ... Kleinkünstler und Comedians, die heute teilweise eigene Fernsehprogramme füllen, standen hier bereits auf der Bühne.
In zweiter Generation betreiben Alexandra Berchtold und Frank Schirl das Wirtshaus am Gehrenberg und den Theaterstadl. Kunst, Kultur und Gastronomie in einem Haus anzubieten, ist kein leichtes Unterfangen. So versuchen die beiden seit mehr als 40 Jahren den Slalom, um das richtige Angebot zu finden. Dieses entwickelte sich mit den eigenen Interessen stetig weiter. In jungen Jahren, also in den 70ern, war es die Disko, die das Wirtshaus zum Treffpunkt machte. Dann kam das Programmkino und schließlich die Kleinkunst. Nur so konnte beides überleben – die Gastronomie und das kulturelle Angebot.
Ähnlichkeiten mit anderen Angeboten in der Umgebung sind rein zufällig. Der Theaterstadl liegt eben immer auf dem Weg vieler Künstler. Der Saal ist auch einfach spektakulär. Hier hat der Kunstschaffende noch einen direkten Kontakt zum Publikum – und umgekehrt. Man sitzt in der ersten Reihe nicht weit entfernt von der Bühne und erlebt die Vorstellung fast zum Anfassen. Dann noch die phänomenale Empore – in dieser Saalgröße sucht man seinesgleichen lange. Wer eine der beliebten Karten ergattern möchte, sollte sich früh informieren und reservieren. Bei 140 Plätzen im Theaterstadl ist das Programm schnell ausverkauft.

TIPP *Vor oder nach der Vorstellung gibt es leckere regionale Crossover-Küche im dazugehörigen Wirtshaus.*

Zum Anfassen präsentieren sich bei entsprechender Wetterlage auch die Berge über dem angrenzenden Biergarten. Schesaplana, Säntis und die Walliser Alpen scheinen in greifbarer Nähe. Besonders schön ist dieses Ambiente beim Open Air Kino, das von Ende Juli bis Mitte August angeboten wird. Für dieses Programmkino wurden Alexandra Berchtold und Frank Schirl mehrfach durch die Medien- und Filmgesellschaft Baden-Württemberg ausgezeichnet. Bei Frühlingsanfang und der Aussicht auf wärmere Temperaturen lohnt es sich also doppelt zu schauen, was aktuell am Gehrenberg kulturell angeboten wird.

Theaterstadl Gehrenberg, Gehrenberg 1, 88677 Markdorf
www.gehrenberg.de

Ein Café, das man nie vergisst

⓭ *Das Vergissmeinnicht auf der Insel Mainau*

Die Seele mal so richtig baumeln lassen und einfach nur entspannen. Das geht am besten im Café Vergissmeinnicht auf der Insel Mainau. Die Füße liegen in einem Kräuterbad, linker Hand ein Milchkaffee und auf der rechten Seite einen feinen Kuchen – bei so viel Erholung könnte man die Zeit vergessen. Aber keine Sorge, der Besucher wird daran erinnert, dass nach 15 Minuten das Fußbad vorüber ist. Schließlich möchten noch andere Besucher in diesen Genuss kommen.

Graf Lennart Bernadotte, einziger Sohn von Prinz Wilhelm von Schweden, machte die verwilderte Insel nach dem Zweiten Weltkrieg zu einem Blumenparadies. Auch heute noch ist die Verbundenheit mit Schweden auf der Insel Mainau erkennbar. So wird z.B. alljährlich typisch schwedisch Mittsommer gefeiert. Die Insel Mainau ist die drittgrößte Insel im Bodensee und ein beliebtes Ausflugsziel. Rund 1,6 Millionen Besucher hat die Blumeninsel jährlich zu Gast. Und trotzdem: Viele übersehen bei ihrem Besuch dieses Kleinod, das von der gräflichen Familie betrieben wird ... Ich kenne sogar Einheimische, die schon oft auf der Mainau waren, aber das kleine Café Vergissmeinnicht nicht kennen. Ein echter Geheimtipp wartet hier also.

Das Vergissmeinnicht wird von Jugendlichen mit besonderem Förderbedarf betrieben, die Teil des Fachbereiches „Pro Integration" des gemeinnützigen Vereins *Gärtnern für Alle e.V.* sind. In der elfmonatigen berufsvorbereitenden Maßnahme werden soziale und praktische Kompetenzen der Teilnehmer gefördert und durch den Umgang mit den Kunden gestärkt. Die Idee zu diesem besonderen Café hatte Gräfin Sandra Bernadotte, die selbst ausgebildete Sozialpädagogin ist. Angeboten werden vor allem selbst erzeugte Produkte wie Kräuter, Holunder oder der eigene Apfelsaft (alles von der Insel). Dazu gibt es leckere Frischkäsebrote mit frischen Kräutern oder köstlichen Kuchen. Auf der Außenseite befinden sich drei Plätze, an denen man das wohltuende Fußbad nehmen kann. Dazu dann noch ein selbstgebackener Apfelkuchen – was braucht es mehr zum Glücklich sein?

••

◐ **Vergissmeinnicht**, 78465 Insel Mainau, www.mainau.de
◐ **ÖPNV**: Bus 4/13, 13/4, Haltestelle Mainau, ca. 10 Minuten Fußweg oder mit der Fähre z.B. ab Konstanz, Meersburg oder Bregenz, Fahrpläne unter www.bodenseeschifffahrt.de

15 Minuten Glück

14 Die Autofähre Konstanz-Meersburg

Ein ganz besonderes Erlebnis ist die Fahrt zum Sonnenaufgang oder Sonnenuntergang mit der Autofähre Konstanz-Meersburg. Alternativ zu einem kalten Getränk auf dem Oberdeck bietet sich ein exponierter Platz ganz vorne in Fahrrichtung an. Ein ganz klein wenig wie beim Film „Titanic" – ich bin der König der Welt ...
Konstanz liegt in einer exponierten Lage – im Norden der Überlinger See, Richtung Südwesten der Untersee, Richtung Westen der Obersee und südlich schließt sich unmittelbar die Grenze zur Schweiz an. Während des Ersten Weltkriegs wurde die Grenze zur Schweiz geschlossen und damit war Konstanz zum einzigen Hinterland, dem Thurgau, abgeschnitten. Der wirtschaftliche Austausch über den Bodensee war daher naheliegend. 1924 genehmigte der Stadtrat der Stadt Konstanz die Planung einer Fährverbindung über den Bodensee. Von der Planung bis zur Realisierung dauerte es dann doch noch vier Jahre. Unterschiedliche Varianten standen zur Diskussion. Letztendlich setzte sich die Variante von Konstanz-Staad nach Meersburg durch. Interessant ist die schon damals offensichtlich bestehende Rivalität der Stadt Konstanz zur Stadt Singen. So sprach die Stadt Singen damals einer solchen Fährverbindung jegliche Wirtschaftlichkeit ab. Am 30. September 1928 war es dann so weit: Die erste Fähre nahm den Fährbetrieb zwischen Konstanz und Meersburg auf. Die 32 Meter lange „Konstanz" konnte bis zu 15 Fahrzeuge und 200 Personen transportieren.
Trotz vieler Skepsis setzte sich der Fährbetrieb mit großem Erfolg durch. Heute pendelt die Fähre teilweise im 15 Minuten-Rhythmus zwischen Konstanz und Meersburg hin und her. Auch bei dichtestem Nebel verkehrt die Fähre sicher über GPS gesteuert. Nur bei ganz starkem Wind und entsprechenden Wellen ist der Fährbetrieb eingeschränkt.
Auch viele Einheimische nutzen die Autofähre gerne – bietet die Überfahrt doch 15 Minuten Erholung und vollkommenes Abschalten: ein schwimmender Glücksort. Genug Zeit, das Auto zu verlassen und ganz dem südländischem Flair einen Cappuccino auf dem Oberdeck zu genießen.

- Fähre Konstanz, Fährebetrieb Konstanz-Meersburg, Schiffstraße 41, 78464 Konstanz
- ÖPNV: Bus 1, 4/13, 11, 15, Haltestelle Staad/Autofähre

Dresscode nicht nötig

15 *Das Restaurant Schloss Seeburg in Kreuzlingen*

Hier muss der Gast nicht im Anzug oder Abendkleid kommen, meint Matias Bolliger. Manche Fahrradfahrer, die auf ihrer Tour um den Bodensee am Schloss Seeburg vorbeikommen, trauen sich beim Anblick des Schlosses nicht hinein. Doch diese Scheu ist unbegründet. Matias Bolliger und seine Frau Jacqueline heißen jeden Gast willkommen.

Das Schloss Seeburg entstand aus dem Schloss Neuhorn, das zwischen dem 16. und 17. Jahrhundert gebaut wurde. Mehrfach wechselte das Schloss den Besitzer. 1852 erwarb Graf Kuno von Rantzau-Breitenburg das Schloss und nannte es fortan Seeburg. 1857 wurde Gottfried Ferdinand Amann Schlossherr und ließ es zwischen 1879 und 1880 zum repräsentativen Wohnsitz umbauen. Heute ist dieses Juwel des Historismus in den Händen der Stadt Kreuzlingen und daher für Besucher frei zugänglich. Allein deshalb lohnt sich ein Besuch des imposanten Schlosses am Ufer des Sees.

Die Familie Bolliger betreibt seit zwei Jahren die Gastronomie im Schloss. Matias Bolliger legt als Küchenchef viel Wert auf die Verwendung regionaler Produkte aus dem Thurgau. Geboten wird klassische Küche, modern interpretiert. Für kleine und größere Gesellschaften stehen prunkvolle Räume zur Verfügung, wie der Blaue Saal, das Burgzimmer oder das Intarsienzimmer, das auch für standesamtliche Trauungen über die Stadt Kreuzlingen gebucht werden kann. Auch Naturfreunden wird rund um das Schloss viel geboten. Mit der Aufschüttung des Ufers entstand der Seeuferpark als Erholungs- und Natur-Erlebnis-Zentrum. Der Verein *Tierpark Kreuzlingen* zeigt hier alte Haustierrassen, seltene Vogelarten und verschiedene Kaninchenarten. Auch der Park ist selbstverständlich frei zugänglich.

Also, sollte man mit oder ohne Fahrrad gerade hier unterwegs sein – keine Scheu und gute Entspannung bei dem Genuss eines Kaffees mit Kuchen auf der herrlichen Terrasse mit Seeblick!

> **TIPP** Ein Besuch der Voliere im Seepark lohnt sich, um seltene Vogelarten wie den Rauhfusskauz zu beobachten.

▶ Restaurant Schloss Seeburg, Seeweg 5, CH-8280 Kreuzlingen
www.schloss-seeburg.ch
▶ ÖPNV: S 8, Haltestelle Kreuzlingen Hafen, ca. 15 Minuten Fußweg am See entlang

Glück braucht Geduld

16 Unterwegs am Rohrspitz

Ernst ist Tier- und Landschaftsfotograf. Seine Leidenschaft sind vor allem Wasservögel, Wild und natürlich die Landschaft hier im Rheindelta. Sein größtes Glück ist es, einen dieser scheuen Eisvögel vor die Linse zu bekommen. Dazu muss man erst einmal die Plätze des Vogels finden, doch der Eisvogel ist seinem Jagdplatz recht treu. Dann gilt es für den Naturfotografen anzusitzen. Möglichst mit einem Tarnzelt oder zumindest einem entsprechenden Überwurf.

Zwischen Rorschach und Bregenz mündet der Alpenrhein in zwei Hauptarmen in den Bodensee und bildet das Deltagebiet. Anfang des 20. Jahrhunderts entstand im Zuge der Rheinregulierung der Rheindurchstich. Dieser Arm ist als der neue Rhein bekannt und ragt inzwischen weit in den Bodensee hinein. Das ganze Rheindelta ist ein großes, meist zusammenhängendes Naturschutzgebiet. An seiner westlichen Seite liegt die Halbinsel Rohrspitz. Seltene Wasservögel wie eben der Eisvogel, der Haubentaucher oder die Uferschnepfe finden sich hier ganzjährig. Für viele andere Wasservögel ist das Rheindelta ein wichtiges Überwinterungsgebiet. Aber auch die Pflanzenwelt bietet einiges. Die sibirische Schwertlilie ist in den Streuwiesen weit verbreitet und einige Orchideenarten wie das Knabenkraut oder die Einknolle blühen im Frühsommer.

Der Rohrspitz ist vor allem ein Platz für Liebhaber der Natur. Wanderlustige nutzen die Anreise mit dem ÖPNV bis Fußach und gehen den etwa 10 Kilometer langen Rundweg zur Halbinsel zu Fuß. Und vielleicht, mit etwas Glück, entdeckt man auch ohne Tarnung einen seltenen Wasservogel. In jedem Fall gehören auch Badesachen in die Tasche. Zwischen dem Seerestaurant Rohrspitz und dem Hafen findet der Sonnenhungrige nämlich einen herrlichen Sandstrand. Dieser ist besonders für Familien mit kleinen Kindern geeignet, da es hier ziemlich flach ins Wasser geht. Da können auch die Kleinsten nach Herzenslust plantschen. Auf der Sonnenterrasse einer der beiden Restaurants kann der Besucher dann in Ruhe den Tag ausklingen lassen und dabei den Sonnenuntergang zu genießen.

....

▶ Rohrspitz, A-6972 Fußach
www.rheindelta-bodensee.com

Der, der die Fäden zieht

17 *Die Marionettenoper in Lindau*

Bernhard Leismüller kommt aus Bad Tölz – einem ruhigen und beschaulichen Ort in Oberbayern. Schon als Kind besuchte er immer mal wieder das dortige Marionettentheater. Zum elften Geburtstag bekam er eine Karte für eine Aufführung geschenkt, doch diesmal war irgendetwas anders: Zum Marionettenspiel kam Gesang – er saß in einer Marionettenoper. Diese fesselte Bernhard Leismüller so sehr, dass er unbedingt das Marionettenspiel lernen wollte. Wegen seines Alters wurde er immer wieder abgewiesen, aber Leismüller blieb hartnäckig. Eines Tages kam hinter der kleinen Bühne die Frage auf: „Wer schiebt das Auto? Und wer öffnet den Vorhang?" Und so bekam er seine erste kleine Aufgabe. Elf Jahre lernte er dort das Spiel mit den Marionetten, den Puppenbau und alles, was dazu gehört. Dann wollte er etwas Eigenes machen. In Lindau fand Bernhard Leismüller einen geeigneten Platz. Die Kulturamtsleiterin war begeistert von der Idee, eine Marionettenoper auf der Insel zu platzieren. Sie befindet sich heute im Stadttheater Lindau, in den Räumen eines ehemaligen Klosters aus dem 14. Jahrhundert. Im ehemaligen Chor wurde Leismüller ein Platz für seine Marionettenoper zur Verfügung gestellt.

TIPP Ein besonderer Moment ist der „Blick hinter die Kulissen", welcher nach jeder Aufführung angeboten wird.

Langsam verwirklichte er über die Jahre seinen Lebenstraum. Heute hat die Marionettenoper zehn Produktionen, die sie spielen kann. Zehn Puppenspieler, wovon fünf bis acht an einer Aufführung mitwirken, stehen zur Verfügung. Für jede Produktion braucht es unterschiedliche Puppen. Teilweise wird ein Charakter für eine Aufführung mehrfach benötigt. Denn die Puppen können nicht umgezogen werden – die Kleider sind fest vernäht. So haben sich mittlerweile etwa 450 verschiedene Puppen angesammelt. Gespielt werden unter anderem auch Klassiker wie die Zauberflöte oder Schwanensee.

Bernhard Leismüller hat sein Glück in Lindau gefunden und die Zuschauer spüren dies beim Spiel der Marionetten.

....

Marionettenoper Lindau, Fischergasse 37, 88131 Lindau
www.marionettenoper.de
ÖPNV: Bus 1 und 2, Haltestelle Stadttheater

Edles vom Bodensee

18 *Das Weingut Aufricht in Meersburg*

Der schmale Fahrweg durch Rebberge führt direkt hinunter zum Bodensee und man möchte glauben, dass der Weg im See endet. Doch kurz davor erscheint das Weingut Aufricht – eine Perle am Bodensee.
Der Weinbau hat hier eine lange Geschichte. Bekannt ist der Königsweingarten in Bodman, der bereits auf das Jahr 884 zurückgeht. Karl III. ließ hier zum ersten Mal auf deutschem Boden Burgunderreben pflanzen. Bis zum 16. Jahrhundert wurde das Klima deutlich kälter und harte Winter zerstörten immer wieder die empfindlichen Reben. Im 18. Jahrhundert veränderte sich dazu noch der Geschmack: Weine, die mit Zucker und Honig versüßt waren, wurden abgelehnt. In einer Chronik von 1791 wurde festgehalten, dass der saure Seewein nur getrunken werde, weil importierte Weine zu teuer waren. Ende des 19. Jahrhunderts züchtete dann ein Herr Müller aus dem Thurgau eine neue Rebsorte – den Müller Thurgau. Die Rebsorte passte ideal zum Bodenseeklima und verhalf dem Weinbau zu neuem Aufschwung. Heute befindet sich am Hohentwiel die höchstgelegene Weinbauregion Deutschlands.
Die Familie Aufricht betreibt den Weinbau bereits in siebter Generation. Die Rebflächen zwischen Meersburg und Hagnau reichen bis ans Bodenseeufer. Vor den Weinbergen glänzt der See wie ein Spiegel – dies tut auch den Trauben gut. Überhaupt: Der See wirkt wie eine überdimensionale Klimaanlage: Im Spätherbst und Frühling gibt er Wärme ab und schützt die Reben vor dem Frost.
Die Familie Aufricht entdeckte, dass der Spätburgunder am Bodensee ideale Bedingungen hat. Dazu werden die großen Weine hier im Holzfass ausgebaut, um den Weinen Struktur und Tiefe zu geben. Die Mühe und der Aufwand, die Rotweinsorte an den See zu bringen, wurde bald belohnt. In Wettbewerben fiel man auf, so erzählt Manfred Aufricht. Deutscher Rotweinpreis, Winzer des Jahres und andere Auszeichnungen folgten.
Und auch der Nachwuchs der Familie Aufricht übt sich schon: Mit einem neuen Müller-Thurgau zeigen sie, dass auch dieser immer wieder neu interpretiert werden kann.

•••

◐ Weingut Aufricht, Höhenweg 8, 88719 Stetten bei Meersburg
www.aufricht.de
◐ ÖPNV: Bus 7395, Haltestelle Stetten Süd, ca. 10 Minuten Fußweg

Lebendige Architektur

 Die Naturata Überlingen

Industriegebiete sehen doch alle gleich aus, könnte man meinen. Umso überraschender kommt jenes in Überlingen daher. Ein geschwungener Holzbau weckt das Interesse. Es ist das Naturata: ein Bio-Laden, Bio-Restaurant, Übernachtungsherberge mit sechs Doppelzimmern und mehr. Angefangen hat alles 1976 mit einem kleinen Laden mit Naturprodukten und Bio-Lebensmitteln auf einem Hofgut – es war einer der ersten seiner Art in Deutschland. 1979 wechselte Heinz Knaus mit diesem Laden in zwei Baracken in die Nähe der Waldorfschule in Überlingen. Es war klar, dass dies nur eine Übergangslösung sein konnte. In einer Zeitschrift für Architektur wurden das Ehepaar Knaus auf den ungarischen Architekten Imre Makovecz aufmerksam. Dieser repräsentierte die ungarische organische Architektur, eine Richtung, die durch Form und Baumaterialien die Harmonie von Gebäuden und Landschaft anstrebt. Und so bauten sie den Laden geradewegs um. Heute gibt es hier neben Obst, Gemüse und Brot von regionalen Bäckereien auch Naturkosmetik und eine Textil-Abteilung mit Kleidungsstücken aus Naturmaterialien.

TIPP Ein besonders schöner Ort die Leckereien zu genießen, ist die großzügige Terrasse.

Beim Naturata dominiert vor allem Holz, welches naturbelassen und oft in geschwungenen Formen daherkommt. Vor dem Eingang steht eine 185 Jahre alte Eiche, die im städtischen Wald gefällt wurde. Sie „wächst" zu den Pflanzflächen hinauf aufs Dach, die dort üppig wachsen. Im Innern stützen ganze, naturbelassene Baumstämme, aus denen bogenförmig weitere Stützen heraus- und hineinwachsen, die Dachkonstruktion. Der Besucher fühlt sich fast wie in einer Kathedrale – die Nähe dieser Architektur zur Gotik ist unverkennbar. Im Sinne der organischen Architektur ist der Boden mit Ziegelplatten ausgelegt. Damit ist das Naturata in Überlingen ein wahrer Glücksort für jeden Freund der Architektur. Und alle anderen finden ihr Glück mit Sicherheit im Restaurant, wo viele vegetarische Vollwertgerichte aus biologischen Zutaten sowie Rind- und Lammfleisch von Demeter-Höfen aus der Region auf der Speisekarte stehen.

Naturata Überlingen, Rengoldshauser-Str. 21, 88662 Überlingen
www.naturata-gmbh.de
ÖPNV: Bus 5, 6, Haltestelle Naturata

Wenn es eng wird ...

20 *Schifffahrt Untersee und Rhein*

Ja, wo beginnt er denn eigentlich, der Rhein? Sicher, die Quelle des Rheins im Kanton Graubünden, am Ausfluss des Thomasees, wird geographisch als Ursprung des Rheins betrachtet. Der aufmerksame Radiohörer registriert sicher auch die Verkehrsnachrichten wie „ab Rheinkilometer xy ist die Schifffahrt eingeschränkt". Doch wo ist eigentlich Rheinkilometer Null? Die wenigsten wissen es: Rheinkilometer Null ist an der alten Rheinbrücke in Konstanz. Das ist seit 1939 so – seitdem gibt es eine offizielle Kilometerzählung für den Rhein.

Der Pegel des Bodensees schwankt bis zu zwei Meter. Deshalb ist es eine Standardfrage zum Bodenseeschifferpatent, ob eine Motoryacht von einer bestimmten Höhe bei einem bestimmten Pegelstand durch den mittleren Bogen der alten Rheinbrücke fahren kann. Ein Erlebnis ist daher eine Schifffahrt mit der Schifffahrtsgesellschaft *Untersee und Rhein* nach Konstanz. Der Zustieg ist an einem der Orte am Untersee möglich. Wer sein Fahrrad (Schweizerisch Velo) mitnimmt, kann mit einem glücklichen Blick hinter sich den Rückweg radelnd bewältigen.

Etwa ab Höhe des Rheindamms beginnt der sogenannte Seerhein. Schifffahrtszeichen, sogenannte Wiffen, weisen den Schiffen den sicheren Weg und verhindern das Auflaufen auf einer der Sandbänke. Der Fahrgast spürt die zunehmende Kraft, die das Schiff benötigt, um sich gegen die Strömung zu stemmen. Rechter Hand, also linksrheinisch, zieht das Schloss Gottlieben vorbei – eine ehemalige Wasserburg. Erbaut wurde sie 1251 vom Konstanzer Bischof Eberhard II. von Waldeburg. Im Gefängnis des Westturms wurden während des Konstanzer Konzils der Reformator Johannes Hus, Hieronymus von Prag und der abgesetzte Papst Johannes XXIII. gefangen gehalten.

Noch großzügig geht es unter der neuen Rheinbrücke hindurch. An der alten Rheinbrücke ist es dann soweit – das Dach über dem Führerstand wird nach hinten geschoben, um die Durchfahrt unter der deutlich niedrigeren alten Rheinbrücke zu ermöglichen. Und rechts grüßt das Schild „Rheinkilometer Null".

Schifffahrt Untersee und Rhein
www.urh.ch

Einmal Cowboy sein

Kuhtrekking beim Bolderhof in Hemishofen

"Hallo, ich bin der Heinz. Hat dir schon jemand willkommen gesagt?" – unkomplizierter könnte eine Begegnung kaum ausfallen. Heinz und Doris Morgenegg betreiben in zweiter Generation den Bolderhof. Heinz hat sich dabei vollkommen dem biologischen dynamischen Anbau verschrieben: Wasserbüffel stehen neben Kühen auf einer Weide, aus der Milch der Wasserbüffel entsteht feinster Mozarella, das Fleisch der Kälber wird hier direkt verarbeitet und angeboten, die Geflügelzucht geschieht unter ethischen Gesichtspunkten und natürlich darf in der Schweiz ein hausgemachter Raclette-Käse nicht fehlen. Als seine Frau als Lehrerin das erste Mal mit ihren Schülern auf den Hof kam, bemerkte Heinz, wie gut es Kindern tut, die Tiere und die Landwirtschaft hautnah zu erleben. Da gibt es große Augen, wenn sie merken, dass die Milch warm aus der Kuh kommt. Daraus entstand die Idee für einen Ferienhof, der Gruppen, aber auch Familien und Paare willkommenheißt. Das Angebot reicht vom Übernachten im Stroh bis zur Ferienwohnung.

Eine besondere Attraktion ist das Kuhtrekking. Wie kommt man nur auf so eine Idee? Als eines Tages die Kinder von einem Fest nach Hause kamen, bei dem Kamelreiten angeboten wurde, erinnerte sich Heinz Morgenegg daran, wie er als Kind versuchte, auf einer Kuh zu reiten. Er ging an einem Abend in den Stall und setzte sich auf eine Kuh. Nachdem die erste dies unbekümmert über sich ergehen ließ, setzte er sich auf die nächste Kuh – keine Reaktion. Also nahm er sie am nächsten Tag an den Strick und setzte seinen ältesten Sohn darauf. Mit der Kuh am Seil ging er spazieren, und bietet dieses weltweit einmalige Erlebnis seitdem für seine Gäste an.

Mit bis zu zehn Kühen geht es auf Tour um den Hof. Die kleine Runde führt hinunter zum Rheinufer, wo Kühen und Reitern eine kurze Trinkpause gegönnt wird. Am Ende der Tour sollte unbedingt noch ein Zvieri genossen werden, eine Vesper am Nachmittag. Also: Auf zum Glück am Bolderhof.

TIPP
Übernachten im Sternguckernest: In einem alten Silo blickt man durch eine Luke im Dach direkt in den Sternenhimmel.

⏵ **Bolderhof, Bolderhof 1, CH-8261 Hemishofen**
www.bolderhof.ch
⏵ ÖPNV: Bus 33, 7349, Haltestelle Hemishofen Dorf, ca. 15 Minuten Fußweg

Zwischen Eis und Büchern

 Spaziergang an der Promenade Überlingen

Selbstbewusst behaupten die Überlinger, mit 3,1 Kilometern die längste und schönste Promenade am Bodenseeufer zu haben. Wobei sich der wesentliche Teil mit Cafés, Eisdielen, Restaurants und Geschäften zwischen dem Mantelhafen und dem Strandbad West befindet. Also kommen Sie mit, auf einen etwa ein Kilometer langen, gemütlichen Spaziergang. Gleich nach dem Mantelhafen lädt das La Vita mit seiner Terrasse im Lounge-Stil zu einem Getränk und italienischer Küche ein. Der Name ist sehr passend – hier pulsiert das Leben, auch am Abend. Nach leckerer Pasta gönnen wir uns ein Stück weiter im Eiscafé Veneto ein Eis. So schlendert es sich doch viel glücklicher.

Am Hafen kann man dem regen Treiben der an- und ablegenden Kursschiffe zuschauen, bis der Blick an der Greth gegenüber des Hafens hängenbleibt – ein großes, helles historisches Gebäude. Es war einst das städtische Warenlager und Handelshaus. Die ältesten Teile stammen aus dem 14. Jahrhundert. Einst lag es direkt am See, damit die Handelsschiffe direkt ent- und beladen werden konnten. Heute ist es eine großzügige Markthalle, im Obergeschoß befindet sich ein Kino mit drei Sälen. Gleich neben der Greth schließt sich der Landungsplatz an. Auffallend ist der Brunnen – ein Werk des Bildhauers Peter Lenk. Mit dem Schriftsteller Martin Walser als Bodenseereiter spielt der Bildhauer auf Walsers kontroverse Haltung und Aussagen zur jüngeren deutschen Geschichte an. Weiter geht es entlang der sogenannten Sitzpromenade, an der in den Quadern aus Kieselbeton immer wieder pausiert werden kann. Alternativ empfehle ich, im Café Anna noch einen frisch gebrühten Kaffee zu trinken, bevor es weiter in Richtung Badgarten geht. Auf dem Weg steht an der Grabenstraße ein Bücherregal. Hier darf jede Leseratte Bücher einstellen und mitnehmen – kostenlos.

Ein sehr grünes Wegestück am Wasser entlang beendet unsere kleine Tour. Die Ruhe hier ist genau das richtige, um den Alltag vollständig hinter sich zu lassen.

 TIPP Gefeiert wird die Promenade jedes Jahr Ende Juli mit dem Promenadenfest.

🔴 **Promenade Überlingen, 88662 Überlingen**
www.ueberlingen-bodensee.de
🔴 **ÖPNV:** Ab Bahnhof Überlingen ca. 10 Minuten Fußweg

Flammkuchen auf Badisch

23 *Die Wirtschaft zum Kranz in Liggeringen*

Dünnele, Dünnete, Dinnede, Düne – egal wie es geschrieben und gesprochen wird, gemeint ist immer das Gleiche. Eine dem elsässischen Fladenbrot ähnliche Spezialität. Man könnte auch sagen, die schwäbisch-alemannische Antwort auf die Pizza.
Der Ursprung der Dünnele geht auf das wöchentliche Brotbacken im Holzofen zurück. Wenn der Ofen für das Brot noch viel zu heiß war, rollte man kleine Fladen aus dem Brotteig aus, belegte sie mit verschiedenen Zutaten und schob sie in den Ofen. So war ein köstliches und schnelles Mittagessen gemacht. Für mehr hatte die Bäuerin an solchen Backtagen auch kaum Zeit. Mit dem Verschwinden des Brotbackens aus den privaten Haushalten verlor das Dünnele-Essen etwas an Bedeutung, wurde dann aber vor etwa 30 Jahren, vor allem zur Herbstzeit, wenn der frische Most gepresst wurde, als besonderes Angebot wieder populär.
Eine Traditionswirtschaft für das Dünnele-Essen ist „der Kranz" in Liggeringen. 1849 erhielt der Landwirt Anton Straub die Genehmigung zum Ausschank. Das Wohnhaus mit Landwirtschaft wurde immer wieder ausgebaut und vergrößert. Der Saalbau diente lange Zeit als Theaterbühne des Ortes, fahrende Schausteller und Wanderbühnen machten Halt für eine Vorführung. Seit 1985 führt Beatrix Honstetter mit ihrem Mann Markus in vierter Generation den Betrieb. Und die fünfte Generation hilft schon kräftig mit. Es stehen neben den traditionellen Dünnele auch andere schmackhafte regionale Spezialiäten auf der Speisekarte. Der Gastraum mit dicken Holzbalken ist auf zwei Ebenen urig eingerichtet. Das bäuerliche Ambiente strahlt die Gemütlichkeit aus, die man sich für einen langen Abend wünscht.
Beim großen Dünnelemenü gibt es sieben Sorten in Folge: Käse, Speck, Zwiebel, Spinat, Pfeffer, Knoblauch und Apfel. Selbst die Gäste, die mit großem Hunger kommen, müssen dann bei der letzten Runde schon etwas kämpfen. Doch hier wird selten etwas liegen gelassen. Zu lecker sind die knusprigen Teigfladen. Dazu dann ein herrlicher Süßmost – mehr braucht es nicht zum glücklich sein.

••

 Wirtschaft zum Kranz, Bergstraße 3, 78315 Radolfzell-Liggeringen
www.kranz-duennele.de
 ÖPNV: Bus 6, 7370, Haltestelle Liggeringen Dorfmitte

Mein Name ist Bond

24 *Die Seebühne in Bregenz*

Der Regisseur Marc Forster hatte sich für den James Bond-Streifen „Ein Quantum Trost" unbedingt eine original Tosca-Kulisse gewünscht. Welches Glück, dass da gerade eine in ganz spezieller Umgebung vor dem Bregenzer Ufer stand.

Nach dem Ende des Zweiten Weltkriegs hatte man die Idee, Festspiele in Bregenz abzuhalten. Mangels Theaterhaus verlagerte man die Bühne kurzerhand an den schönsten Teil der Stadt – auf den Bodensee. Auf zwei Kieskähnen, einer für das Orchester und einer für die Bühnenaufbauten von Mozarts Jugendwerk Bastienne et Bastienne, fand die erste Bregenzer Festwoche statt. Durch eine Spende erhielten die Festspiele 1950 eine feste Bühne und eine 6400 Zuschauer fassende Tribüne. 1980 ging ein lang gehegter Traum in Erfüllung – mit einer größeren Seebühne, einer neuen Tribüne und einem direkt angeschlossenen Festspielhaus ist zumindest für einen Teil der Zuschauer eine Fortsetzung der Aufführung bei plötzlicher Wetterverschlechterung möglich.

Seither ist sie die größte Seebühne der Welt und recht bald entwickelte man einen eigenen Stil für das Bühnenbild, bei dem der See nicht nur Kulisse, sondern Bestandteil der Aufführung ist. Während der Fußball-Europameisterschaft 2008 wurde das Bühnenbild von Tosca sogar zum ZDF-EM-Studio. Den ganz großen Auftritt hatte das Tosca-Auge aber im James Bond Film. Produzentin Barbara Broccoli und Regisseur Marc Forster waren von der Einzigartigkeit der Seebühne in der besonderen Umgebung beeindruckt. Im Film entdeckt James Bond-Darsteller Daniel Craig hier zum ersten Mal seine Widersacher und es beginnt eine siebeneinhalbminütige Jagd über die Seebühne und durch das Festspielhaus, durchsetzt mit Szenen der Oper Tosca.

Keine Sorge – heute muss der Zuschauer keine Angst haben, bei den alljährlichen Bregenzer Festspielen im Juli und August Bestandteil eines Hollywood-Streifens zu werden. Der Besucher darf einfach nur glücklich sein, wenn er eine der Aufführungen auch noch mit einem tollen Abendhimmel in dramatischen Farben erlebt.

••

○ **Bregenzer Festspiele, Platz der Wiener Symphoniker 1, A-6900 Bregenz**
www.bregenzerfestspiele.com
○ **ÖPNV: Ab Bahnhof Bregenz wenige Minuten Fußweg**

Das flüssige Brot

 Die Ruppaner Brauerei in Konstanz

„Jetzt ist uns der Proviant für den Urlaub ausgegangen." Ich stehe in der Ruppaner Brauerei. Und mit mir eine Urlauberin, die dringend flüssigen Nachschub benötigt. Und hier ist sie mit diesem Wunsch genau richtig. Was wäre Deutschland ohne sein Bier und ohne das Reinheitsgebot … Es gab Zeiten, da waren Wein und Bier praktisch Grundnahrungsmittel. Das lag auch daran, dass es damals oft kein sauberes Trinkwasser gab. In dieser Zeit entwickelten sich zahlreiche Brauereien – auch am Bodensee. Doch dann ging der Bierkonsum zurück, und von vielen Brauereien sind nur noch die Bierdeckel als Erinnerung übriggeblieben. Um 1900 gab es nur noch zehn Brauereien in Konstanz.

Die einzige verbliebene größere Brauerei am Bodensee mit langer Tradition ist die Ruppaner Brauerei in Konstanz. Und diese liegt in einzigartiger Lage direkt am Bodenseeufer. Die Geschichte begann 1795 im Haus zur Sonne in Konstanz, als der Pfalzvogt Nikolaus Matt die Brauereirechte erhielt. 1872 übernahm dann Karl Ruppaner die Brauerei mit Gaststätte. Heute leitet Karl-Bernhard Ruppaner die Brauerei in vierter Generation.

> **TIPP** Das Ruppaner kann man auch im nebenanliegenden Restaurant Hohenegg bei hervorragendem Essen genießen.

Hopfen, Malz, Wasser und Hefe – das sind die einzigen Zutaten für ein deutsches Bier. Da kommt es bei jeder einzelnen Zutat auf die Qualität an. Das Wasser kommt aus dem Bodensee – dem größten Trinkwasserspeicher Europas. Wie Karl-Bernhard Ruppaner sagt, ist die Mineralisierung des Wassers ideal zum Bierbrauen. Der Hopfen kommt aus der Region Tettnang – also auch vom Bodensee. Bei diesen Natur-Produkten ist es naheliegend, auch das Bier als Bio-Produkt herzustellen. Daher sind die die Sorten „Bio Märzen" und „Schimmele" bio-zertifiziert. Auch wenn sich das Vertriebsgebiet auf den westlichen Bodensee konzentriert, gibt es doch einige überregionale Genießer, die das Ruppaner schätzen. So ist Ruppaner nicht nur in Berlin, sondern auch in Italien und Spanien beliebt. Und das zu Recht! Glück, das ist für den Braumeister ein schöner, warmer Sommer. Denn dann schmeckt das Bier besonders gut.

Ruppaner Brauerei, Hoheneggstraße 41, 78464 Konstanz
www.ruppaner-bodensee.de
ÖPNV: Bus 1, 4/13, 11, 15, Haltestelle Staad/Autofähre, ca. 10 Minuten Fußweg

Da fließt noch viel Wasser

26 *Der Rheinfall bei Schaffhausen*

Die Redensart „Da fließt noch viel Wasser ..." kennen wir in abgewandelter Form in vielen Regionen. Doch wohl an wenigen Plätzen wird sie so anschaulich wie am Rheinfall. Das Auge weiß nicht, ob es den Wassermassen folgen oder sie einfach an sich vorbeiziehen lassen soll. So ging es wohl auch Goethe bei seiner Reise in die Schweiz 1797: „Ich trat wieder auf die Bühne an den Sturz heran, und ich fühlte, daß der vorige Eindruck schon verwischt war; es schien gewaltsamer als vorher zu stürmen. Wie schnell sich doch die Nerve wieder in ihren alten Zustand herstellt."

In den Sommermonaten stürzen durchschnittlich 700 Kubikmeter Wasser über die 23 Meter Höhenunterschied tosend in die Tiefe – damit ist der Rheinfall der größte Wasserfall Europas. In den Wintermonaten ist es weniger als die Hälfte. Der Besucher mag es kaum glauben, aber es gab tatsächlich einmal Pläne, den Rhein durchgehend schiffbar zu machen. Zum Glück haben unsere Vorfahren nicht alle Ideen realisiert, die sie so hatten – sonst wären wir dieses Naturwunders beraubt.

Es gibt zwei Möglichkeiten, an den Rheinfall zu reisen: Entweder durch Schaffhausen zum Schlösschen Wörth (rechtsrheinisch) oder von Schaffhausen Richtung Zürich und vom Schloss Laufen (linksrheinisch). Der Besucher, der sich für rechtsrheinisch entscheidet, sollte unbedingt einmal auf der kleinen Brücke stehen, die zum Schlösschen Wörth führt. Tausende Fische tummeln sich darunter im Wasser. Es sind hauptsächlich Döbel – kein besonders beliebter Speisefisch. Aber der Döbel ist ein Indikator für sauberes, unbelastetes Flusswasser – reagiert er doch sehr sensibel auf Verschmutzung. Bis zum Bau des Wehrs bei Rheinfelden sprangen noch Lachse den Rheinfall hinauf.

Besonders zu empfehlen ist eine Bootsfahrt hinüber zum Rheinfelsen. Es sieht zwar abenteuerlich aus, wie die Boote mitten in diese tosende Wassermassen fahren, ist aber sehr sicher. Umso spektakulärer ist dann der Blick auf den Wasserfall von der Spitze des Rheinfelsens. Einfach von allen Seiten ein Glücksort.

◉ **Rheinfall, Rheinfallquai, CH-8212 Neuhausen am Rheinfall**
www.rheinfall.ch
◉ **ÖPNV: S9, S22, Haltestelle Neuhausen Rheinfall oder S33,**
Haltestelle Schloss Laufen am Rheinfall

Zwei, die sich verstehen

 Wissingers im Schlechterbräu und valentin in Lindau

Einst befand sich in dem Gebäude In der Grub 28 in Lindau eine Brauerei, die auf das Jahr 1397 zurückgeht. Zumindest wurde die Brauerei zu dieser Zeit bereits in den Chroniken erwähnt. Heute befinden sich hier zwei Gastronomiebetriebe, und die sind etwas ganz Besonderes. Links oder rechts? – das ist die Qual der Wahl.

Auf der einen Seite ist es die Familie Wissinger, die mit dem Wissingers im Schlechterbräu gut bürgerliche Küche anbietet. Auf der anderen Seite ist es Daniel Rupfle, der im valentin leichte europäische Gerichte aus Bioprodukten serviert. Und deshalb können die beiden, Meino und Daniel, auch gute Freunde sein.

Bei Daniel gibt es ausgefallene, biologisch wertvolle Gourmetküche. Doch das valentin ist kein Vegi-Restaurant. Hier steht auch Rindfleisch von der Allgäuer Bio-Landweide sowie Wild und Fisch von entsprechender Qualität auf der Karte. Daniel ist Lindauer und arbeitet in der Gastronomie aus Leidenschaft. Nach einigen Stationen als Privatkoch kam er zurück in die Heimat. Im valentin hat er seine Vorstellung von der Gastronomie und dem Arbeiten im Team verwirklicht. Seine Frau berät als ausgebildete Sommelière bei der Auswahl des richtigen Weines.

Meino Wissinger kommt eigentlich aus Niedersachsen. Sein Beruf als Koch hat ihn an den Bodensee verschlagen. „Hier gefällt es mir", dachte er sich und erfüllte sich seinen Traum vom eigenen Lokal. Das funktioniert jedoch nur mit der ganzen Familie – daher der Name Wissingers im Schlechterbräu. Meino ist ein Spezialist der Saucen und der Fonds, die alle hausgemacht sind. Während bei Daniel der Wein im Vordergrund steht, ist es bei Meino das Bier, das zu einem typischen traditionellen Braten oder einem Schmorgericht passend ausgesucht wird.

Die beiden Gastronomen verstehen sich sehr gut – da hilft man sich auch mal gegenseitig aus, wenn der Dosenöffner verschwunden ist oder ein Kind unbedingt Pommes möchte, die eigentlich nicht auf der Karte des valentin stehen. Und dieses gemeinschaftliche Glück spüren auch die Gäste.

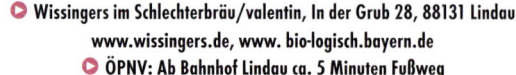

● **Wissingers im Schlechterbräu/valentin, In der Grub 28, 88131 Lindau**
www.wissingers.de, www. bio-logisch.bayern.de
● **ÖPNV: Ab Bahnhof Lindau ca. 5 Minuten Fußweg**

Vom Glück der Heimat

Maria im Stein

War es Albero von Bodman, wie es hier in einer Inschrift steht, oder doch ein anderer Ritter, der an dieser Stelle eine Kapelle errichten ließ? Der Legende nach erblickte hier ein Ritter nach der Heimkehr aus einer Gefangenschaft zum ersten Mal seine Heimatburg und beschloss aus Dankbarkeit darüber, hier eine Kapelle zu errichten.

Es könnte auch Frisch-Hans von Bodman gewesen sein. Er war 1369 an der Schlacht bei Nikopolis beteiligt, bei der König Sigismund vom Heer des türkischen Sultans Bayezid I geschlagen wurde. Die meisten der Kreuzritter wurden niedergemetzelt. Einige konnten sich mit einem Lösegeld freikaufen – darunter auch Frisch-Hans von Bodman. Doch egal, welcher Kreuzritter es nun war, der Besucher kann sich dessen Erleichterung gut vorstellen. In den kommenden Jahrhunderten entwickelte sich die Kapelle Maria im Stein zu einem weit über die Region bekannten Wallfahrtsort. Die Pilger strömten damals zum Gnadenbild der Trösterin der Betrübten. Erst 1824 wurde die Wallfahrt aufgehoben, bedingt durch die napoleonische Zeit und die Anweisung des Bistums Konstanz, keine Feierlichkeiten und kein Hochamt mehr im heutigen Naturschutzgebiet Aachtobel zu halten. Im Zuge dessen wurde das Gnadenbild der Maria in die alte Kirche von Lippertsreute überführt und geriet fast in Vergessenheit. Nach dem Zweiten Weltkrieg errichtete der Pfarrer Eugen Walter aus Dankbarkeit die Marienkapelle neu, und brachte das Gnadenbild an seinen ursprünglichen Platz zurück. Seitdem finden hier wieder regelmäßige Messen und Andachten statt.

TIPP Wer noch etwas Kraft in den Beinen hat, dem sei die Wanderung durch das Aachtobel zur Burgruine Hohenbodman empfohlen. Vom Turm hat man einen tollen Blick auf den Bodensee und die Alpen.

Die Kapelle findet der Besucher, wenn er von Lippertsreute über Bruckfelden Richtung Pfullendorf fährt. Gleich nach Lippertsreute geht es links zum Steinhof – die Kapelle ist ausgeschildert. Vom Wanderparkplatz am Hof sind es nur 10 Minuten zu Fuß.

Wer sich über Besucher mit leeren Flaschen im Rucksack wundert, der sollte die kleine Quelle unweit von Maria im Stein beachten. Auch dem Wasser wird Heilkraft nachgesagt. Vielleicht bringt es Glück?

▸ **Maria im Stein, 88669 Lippertsreute**

Deutschlands beste(r) Bäcker

29 *Die Bäckerei Neyer in Heiligenberg*

„Etwas Spezielles machen, etwas mit dem Platz machen, der da hinter dem Haus ist." Das waren wohl die Gedanken, die den Bäckermeister Robert Neyer trieben, sein Backhaus zu bauen. Eine Backstube hat ja jeder Bäcker, aber wer hat schon ein eigenes Haus dafür? Ein Backhaus, wie man es seit vielen hundert Jahren kennt und heute nur noch selten findet. Also fuhr Robert Neyer herum, schaute in (Freilicht-)Museen, wie Brothäuser vor der Elektrifizierung gebaut waren. Aus alten Materialien, die von abgebrochenen Häusern stammten, und neuem Handwerk entstand dann neben dem eigentlichen Betrieb das kleine Backhaus. Hier wird heute fünfmal in der Woche in den frühen Morgenstunden das Holzofenbrot gebacken, für das die Bäckerei Neyer weithin bekannt ist. 2014 hatte das ZDF die Idee, mit Johann Lafer eine Sendereihe über Bäcker in Deutschland zu produzieren. Robert Neyer bewarb sich mit seinem Holzofenbrot und der Engadiner Nusstorte – einer weiteren Spezialität des Hauses. Die Voraussetzungen für die Teilnahme waren die Verwendung regionaler Produkte und der Verzicht auf Fertigmischungen. Eine Selbstverständlichkeit für den Bäckermeister. Neyer schaffte es in die Sendung und wurde als einer der „besten Bäcker Deutschlands" ausgezeichnet.

Ein Tipp für die, die hinter die Kulissen schauen wollen: Freitags wird sogar zweimal am Morgen im alten Backhaus der Holzofen befeuert. Um etwa 9 Uhr beginnt Neyer erneut mit dem Backen und wer dann vor Ort ist, darf zuschauen, wie das köstlich frische Brot entsteht. Für den, der später kommt, ist die einladende Terrasse der perfekte Ort, um ein leckeres Stück der Engadiner Nusstorte oder eine der anderen Spezialitäten zu genießen. Und um eventuell angesammelte Kalorien abzubauen, empfehle ich einen kleinen Spaziergang zu den Freundschaftshöhlen, die nur einen Kilometer außerhalb vom Ort liegen. Von hier hat man einen ganz besonderen Blick auf Schloss Heiligenberg und über das Linzgau. Im Hintergrund glänzt blaugrün der Bodensee zum Gruß.

▶ Bäckerei Schlosscafe Neyer, Postplatz 6, 88633 Heiligenberg
www.schlosscafe-neyer.de
▶ ÖVPN: Bus 7379, Haltestelle Postplatz

Wie Napoleon hierhin kam

30 *Das Napoleonmuseum im Schloss Arenenberg*

Napoleon III. verbrachte hier sicher glückliche Tage seiner Kindheit und Jugend. Diesen Eindruck hat der Besucher des Schlosses Arenenberg beim Anblick des Kinderzimmers mit den Spielsachen und dem Ausblick von der Terrasse. Doch wie kam der spätere Kaiser von Frankreich eigentlich an den Bodensee?

Die Ehe Napoleons I. mit Josephine blieb kinderlos. Auf Drängen von Josephine adoptierte Napoleon I. ihre Kinder aus erster Ehe, Eugène und Hortense, und machte Hortense zur Frau seines Lieblingsbruders Louis Bonaparte. Nach dem Tod Josephines und der Rückkehr Napoleons aus seinem ersten Exil nahm Hortense den Platz der First Lady Frankreichs ein. Ein verhängnisvoller Fehler. Denn nach Napoleons endgültiger Niederlage wurde Hortense aus Frankreich verbannt. Viele Mitglieder der Familie flüchteten daraufhin nach Italien, doch Hortense ließ sich mit ihrem Sohn zuerst in Konstanz nieder. Teilweise verdeckt erwarb sie Grundbesitz im Bodenseegebiet – unter anderem das Schloss Arenenberg. Nach Umbauarbeiten bewohnte sie schließlich das Schloss am Schweizer Ufer des Untersees. Napoleon I. war nie am Bodensee, doch Hortenses jüngster Sohn Louis Napoléon, der spätere Kaiser Napoleon III., verbrachte seine Kindheit und Jugend hier. Mit 30 Jahren musste aber auch er ins Exil und den Bodensee verlassen.

Es kamen die wichtigsten Persönlichkeiten dieser Zeit zum Besuch nach Arenenberg. Alexandre Dumas, Châteaubriand, Juliette Récamier oder Franz Liszt empfing Hortense in ihren Salons. Sie interessierten sich für die Königin selbst und für ihren Sohn Louis Napoléon. Nach dessen Tod schenkte seine Frau Eugénie die Schlossanlage Arenenberg dem Kanton Thurgau unter der Auflage, es unter anderem als Museum zu betreiben – ein Glücksfall für die Region. Bevor Eugénie das Schloss weitergab, entfernte sie nur wenige Gegenstände, und so wurde das Schloss liebevoll und originalgetreu im Stil der damaligen Zeit bewahrt. Alles sieht so aus, wie es die kaiserliche Familie hinterlassen hat – ein beeindruckender Einblick in vergangene Zeiten und auf jeden Fall einen Besuch wert.

Napoleonmuseum Thurgau, Schloss und Park Arenenberg, CH-8268 Salenstein
www.napoleonmuseum.tg.ch
ÖPNV: Bus 833, Haltestelle Arenenberg, Schloss oder S8, Haltestelle Mannenbach-Salenstein, ca. 15 Minuten Fußweg

Steine balancieren und baden

 An der Malerecke in Langenargen

Das Malereck bei Langenargen lockte früh die Landschaftsmaler an. Neben der Halbinsel Höri ist Langenargen als ein Ort der Künstler bekannt. Hans Purrmann, der für seine lichtdurchfluteten Landschaftsbilder bekannt ist und der mit Henri Matisse befreundet war, lebte hier zeitweise und ist auf dem Friedhof in Langenargen begraben. Eine traumhafte Kulisse mit einem der schönsten Naturstränden am Bodensee, der Mündung der Argen in den Bodensee, sich immer wieder anders zeigende Farben des Wassers und im Hintergrund die Berge des Alpsteins und Vorarlbergs – ob der Künstler nun Aquarell, Öl oder Acryl bevorzugt, das kann nur ein schönes Landschaftsbild werden. Wer kein Künstler ist, wird einfach nur diese Ruhe, diese Weite und diese Stimmung des besonderen Ortes genießen.

Der Strand besteht aus Kies und größeren Kieselsteinen – Überbleibsel der letzten Eiszeit. Der nahegelegene Sportboothafen diente lange Zeit dem Kiesabbau, bevor er zum jetzigen Zweck umfunktioniert wurde. Gerade die größeren Steine laden kleine und große Kinder zum Geschicklichkeitstest ein – Steine balancieren. Rund um den Bodensee findet man wahre Könner in dieser Disziplin (auch bekannt durch „Wetten, dass ..?") aber auch kleine Künstler.

Der Do-it-yourself Besucher wird sich an den zahlreichen Grillstellen freuen und ganz im Sinne der steinzeitlichen Tradition am Bodensee stolz das Feuer anzünden. Und wenn es dann eine schöne Glut hat, das Stockbrot oder die beliebte Grillwurst über das Feuer halten. Als Sitzgelegenheit wurden große Baumstämme um die drei Grillstellen platziert. Hier kann man sich noch ein klein wenig wie Robinson Crusoe fühlen. Und in den heißen Sommermonaten spricht nichts dagegen, die Kleider noch einmal abzuwerfen, um glücklich in den See zu springen. Falls das Lagerfeuer schon brennt, ist dies eine gute Möglichkeit, mit anderen Besuchern in Kontakt zu kommen. Gemeinsames Grillen ist auch viel unterhaltsamer.

> **TIPP** Und wer zufällig Grillwürste und Teig für das Stockbrot vergessen hat, dem sei das nahegelegene Gourmet-Restaurant Malereck empfohlen.

● Malerecke, 88085 Langenargen
www.langenargen.de

Lass dein Haar herunter

32 *Der Mangturm am Lindauer Hafen*

Ob die Gebrüder Grimm wohl den Bodensee besuchten, als die Idee zum Märchen Rapunzel entstand? Wohl eher nicht, stammen sie doch aus Hanau und damit weit weg vom Bodensee. Trotzdem, dem Besucher am Lindauer Hafen wird sofort dieses Märchen in den Sinn kommen, wenn er den Mangturm erblickt – ein besonders spitzer Turm mit bunten Ziegelsteinen. Der Name Mangturm leitet sich von einem ehemaligen Gebäude in der Nähe ab: dem Tuch- und Mangenhaus. Die Mange oder Mangel ist die Glättmaschine der Färber.

„Zu Schutz und Trutz des Seehafens – ein kräftiges Wahrzeichen der ehemaligen freien Reichsstadt Lindau", wie es an der Wand des Leuchtturms zu lesen ist, wurde der Mangturm als Teil der Stadtbefestigung im 12. Jahrhundert erbaut. Von 1180 bis 1300 war er als Leuchtturm am alten Hafen von Lindau in Betrieb, um den Handelsschiffen die Einfahrt zu zeigen. Ein Leuchtturm am Bodensee? Dazu muss man wissen, dass die Schifffahrt auf dem Bodensee, insbesondere im Mittelalter, eine große Bedeutung hatte. Der Transport der Waren über den Wasserweg war damals wesentlich einfacher und sicherer, als über den Landweg. Außerdem dienten solche Türme als Beobachtungsstätten, um eventuelle feindliche Angriffe frühzeitig zu erkennen. 1811 und zwischen 1853 und 1856 erfolgte eine Vergrößerung des Lindauer Hafens, wodurch der Mangturm als Leuchtturm durch einen runden Turm an der neuen Hafeneinfahrt ersetzt wurde. Zum Glück wurde er nicht abgerissen – im Gegenteil: Er wurde um einen Stock erhöht und das Spitzdach kunstvoll eingedeckt, so können wir uns auch heute noch an den bunten Ziegeln erfreuen.

Sollte der etwa 6 Meter lange Zopf aus dem oberen Fenster heraus hängen, dann ist wieder Märchenstunde angesagt. In der Turmstube auf den alten Holzdielen entführt eine der „Märchentanten" die Besucher in die Welt von Rotkäppchen, Schneewittchen und Co. Dabei werden nicht nur Märchen der Gebrüder Grimm gelesen. Christian Andersen, Ludwig Bechstein und andere Märchenautoren gehören ebenso zum Repertoire.

● Mangturm Lindau, 88131 Lindau
● ÖPNV: Ab Bahnhof Lindau wenige Minuten Fußweg

Es glitzert und glänzt

 Der Weihnachtsmarkt in Konstanz

Ja, es gibt sie – die bekannten Weihnachtsmärkte wie den Christkindlmarkt in Nürnberg oder den Dresdner Striezelmarkt. Doch kaum ein Weihnachtsmarkt liegt so schön an einem See wie der Konstanzer Weihnachtsmarkt.

Die Geschichte der Weihnachtsmärkte in Deutschland hat eine lange Tradition. Bereits im 14. Jahrhundert kam der Brauch auf, typische Weihnachtsgeschenke für die Kinder auf Märkten in der Vorweihnachtszeit anzubieten. Aber erst in der ersten Hälfte des 20. Jahrhunderts entwickelten sich Weihnachtsmärkte zu einem festen Element des vorweihnachtlichen Brauchtums. Den Weihnachtsmarkt in Konstanz gibt es noch gar nicht so lange. Seit 1980 findet er auf Initiative des Einzelhandels statt und hat seit fast 30 Jahren nun seinen festen Platz mit dem Kernpunkt um die Marktstätte in Konstanz. Besonders schön sind die zahlreichen Stände, an denen Kunsthandwerk angeboten wird: leuchtende Sterne aus Papier, kunstvoller Silberschmuck und schöne Papeterie. Hier findet sicher ein jeder noch ein schönes Weihnachtsgeschenk. Und für die Stärkung nach stundenlangem Bummeln ist auch gesorgt: In einem speziellen Bereich ist fast jede Länderküche mit süßen und herzhaften Speisen vertreten. Inzwischen gehen die Stände weit in den Stadtgarten in Richtung Inselhotel hinein und reichen damit unmittelbar an das Bodenseeufer. Der Weihnachtsmarkt in Konstanz dauert etwa vier Wochen. Immer am Donnerstag vor dem ersten Advent wird er eröffnet und endet am 22. Dezember. Am ersten Adventswochende treffen sich hier jährlich viele Segler. Es findet die letzte Regatta des Jahres auf dem Bodensee statt – die „Eiserne". Vielleicht so genannt, weil sie nur für die ganz harten Seglerinnen und Segler geeignet ist. Teilweise müssen sie am Morgen der Regatta das Eis vom Bootsdeck kratzen. Wer plant, den Weihnachtsmarkt zu besuchen, sollte dies unbedingt an diesem Wochenende tun – mehr Erlebnis gibt es kaum.

> **TIPP** Ein besonderer Tipp ist der Besuch des Weihnachtsschiffes – das liegt hier fest an. Unten findet der Besucher Kunsthandwerk und auf dem Oberdeck eine nette Bar mit Blick über den Markt.

● Weihnachtsmarkt am See, Hafenstraße 2, 78462 Konstanz
www.weihnachtsmarkt-am-see.de
● ÖPNV: Ab Bahnhof Konstanz wenige Minuten Fußweg

Wo einst der Galgen stand

34 *Auf der Blattform bei Bohlingen*

Viele Erhebungen bieten immer wieder eine schöne Aussicht auf den Bodensee und auf die Landschaft um das Ufer. Am westlichen Bodensee fliest die Aach in den Bodensee (Achtung: Es gibt mehrere Aachen!). Die Landschaft um den Untersee ist hier recht flach und geprägt von Torflandschaft. Lange Zeit wurde hier Torf als Rohstoff abgebaut – vor allem als Brennmaterial. Auch bei Anglern ist die Radolfzeller Aach sehr beliebt. Das Aachried mit seiner typischen Riedlandschaft ist seit langem ein Naturschutzgebiet. Im Spätherbst liegt hier aufgrund der hohen Luftfeuchtigkeit und der Temperaturunterschiede sehr schnell dichter Nebel über der Landschaft. Oft reicht es, ein paar wenige Höhenmeter nach oben zu gehen oder zu fahren, um glücklich die Sonne genießen zu können. Die Stimmung, auf die der Naturfreund dann blickt, ist besonders mystisch.

Der Galgenberg bei Bohlingen ist einer der beliebtesten Aussichtspunkte. Mit der 8 Meter hohen Blattform hat man einen Punkt geschaffen, der auch noch über umliegende Sträucher und Bäume ragt. Zugegeben, es wackelt etwas, wenn man die Stufen hinauf steigt. Aber keine Sorge: Diese Plattform ist absolut stabil gebaut. Den Namen Blattform verdankt der Turm übrigens seiner Form, die einem Blatt nachgebildet ist. Von hier oben zeigt sich der Untersee in seiner ganzen Schönheit und mit etwas Glück kreuzen noch ein Reh oder ein Fuchs im Vordergrund das Bild.

Diese Anhöhe war nicht immer so ein Glücksort. Im späten Mittelalter war das Hängen für schwere Verbrechen eine typische Strafe. Oft fand dies an gut und weithin sichtbaren Orten statt. Die Hochgerichtsbarkeit für Bohlingen lag im Mittelalter bei der Landgrafschaft Nellenburg – die hatte über mehrere Orte Plätze für die Vollstreckung entsprechender Urteile. Geblieben aus dieser Zeit ist der Name Galgenberg für die Erhebung nördlich der kleinen Ortschaft Bohlingen – bedeutet also, dass hier der Galgen stand. Ein Glück, dass nur noch dieser beeindruckende Aussichtspunkt geblieben ist.

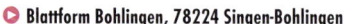

Blattform Bohlingen, 78224 Singen-Bohlingen

Fischers Fritz ...

35 *Die Fischerei Lang in Iznang*

... fischt frische Fische, frische Fische fischt Fischers Fritz. Wer kennt ihn nicht, diesen Zungenbrecher. Schön wär's – möchte man für den Bodensee sagen. Natürlich, auch heute noch fischen die wenigen Fischer am Bodensee frische Fische aus dem See. Aber es sind nicht mehr die Mengen wie vor 20 Jahren, was vor allem mit der Sauberkeit des Bodensees zusammenhängt.

Albin Lang ist einer der letzten Berufsfischer am Bodensee und der letzte auf der Halbinsel Höri. Er gehört zu denjenigen Fischern, die sich noch Gedanken über die Nachhaltigkeit machen. Auf dem Obersee ist teilweise der Einsatz engmaschiger Netze erlaubt, wenn zum Beispiel die Fangquoten niedrig sind. Hier am Untersee werden nur solche Fische gefangen, die groß genug sind, dass sie schon abgelaicht haben. Schon Langs Vater war Fischer hier auf der Halbinsel. Doch wäre da nicht die Ferienwohnung als Einnahmequelle, wäre das Überleben schwieriger. Tatsächlich überleben heute nur noch die Fischer, welche die Fischerei im Blut haben – Familienbetriebe eben. Und trotzdem: Für Albin Lang ist es einer der schönsten Momente, früh morgens mit seinem Boot hinaus auf den See zu fahren, um die Netze einzuholen. Dann, wenn noch alles ruhig ist auf dem See und ein leichter Dunst über dem Wasser liegt. Zu der Zeit, wo die meisten noch gemütlich im Bett liegen, ist der See glatt wie ein Spiegel. Und umso glücklicher ist er dann, wenn sich das frühe Aufstehen gelohnt hat und einige Fische im Netz zappeln. Am Nachmittag werden dann die Netze auf ein Neues ausgelegt – wenn heute kein guter Tag war, dann ist vielleicht der morgige Tag ein besserer. Das Glück ist schließlich mit dem Tüchtigen.

Im Verkaufsladen findet der Gourmet dann die frischen Fische – Felchen, Kretzer, Saibling, Hecht oder Aal. Was nicht frisch verkauft werden kann, kommt erst einmal in den Holzkasten vor dem Steg und darf dort noch etwas schwimmen oder kommt als Filet in den Räucherofen. Ein Genuß mit frischem Sahnemeerrettich, natürlich von der Höri.

○ Fischerei Lang, Uferstraße 3a, 78345 Moos-Iznang
www.lang-hoeri.de
○ ÖPNV: Bus 7368, Haltestelle Iznang Höristraße, Moos

Unterwegs in Mostindien

 Die Mosterei Möhl in Arbon

Was macht man nur mit dem ganzen Obst, das man am Bodensee sieht? Klar, die kleinen Apfelbäumchen liefern Tafelobst, das als Vitaminlieferant in den Verkauf kommt. Aber dann gibt es noch die vielen Streuobstbäume. Bei einem Biss in einen der reifen Äpfel oder in eine der Birnen verzieht sich bei jedem das Gesicht – als Tafelobst ist dies nicht zu gebrauchen. Aber es ist nicht nutzlos. Genau aus diesem Obst entstehen Apfelsaft, Apfelwein, Most und auch Schnaps – der bekannte Obstler. Wer im Thurgau unterwegs ist, hört vielleicht auch die Bezeichnung Mostindien für diesen Kanton. Der Ursprung geht auf die humoristische Zeitung *Der Postheiri* zurück, die 1845–1875 herausgegeben wurde. *Der Postheiri* machte sich einen Spaß daraus, den Kantonen zweideutige Spitznamen zu geben. So erhielt der Kanton Thurgau, weil er bekannt für den Most war, den Begriff Mostschweiz und da Ostindien seinerzeit als geografischer Begriff bekannt war, stand auf einer Birne Mostindien. Im späten Mittelalter hatte fast jede Ortschaft im Thurgau eine Mosterei – ein Betrieb, in dem das Obst zu Saft gepresst und oft auch gleichzeitig ausgeschenkt wurde. Der Most im Thurgau hat eine lange Tradition. So berichtete bereits 1606 der Schaffhauser Münsterpfarrer „Das best Trank im Turgöw nennend si Berlimost. Diser Berlimost ist von einer sonderen Art der Biren g'macht."

TIPP Ab Herbst 2018 wird es bei Möhl ein Besucherzentrum geben, in dem die Fruchtsäfte verkostet werden können.

Von den zahlreichen Mostereien sind nur wenige übriggeblieben. Ein bestehender bekannter Name ist die Mosterei Möhl in Arbon. 1895 eröffnete Hans Georg Möhl in einem Bauernhaus einen Gasthof, in dem er Most aus eigener Herstellung ausschenkte. Aus diesem entwickelte sich der größte und bekannteste Anbieter von Apfelsäften und Apfelweinen im Thurgau. Beinahe in jedem Lokal in diesem Kanton und über die Grenzen hinaus kann der leckere Durstlöscher konsumiert werden. Mein persönlicher Favorit ist der Möhl Saft vom Fass mit 4,0 Vol Alkoholgehalt. Dieser wird vor der Abfüllung in großen Eichenfässern gelagert, wodurch er seinen besonderen Geschmack erhält.

Mosterei Möhl, St. Gallerstrasse 213, CH-9320 Arbon
www.moehl.ch

Achtung Elch

37 *Hinauf zum Höhengasthaus Haldenhof*

Was es mit dem Schild „Achtung Elch" am Haldenhof auf sich hat, habe ich noch nicht herausgefunden. Ja, es gibt hier Tiere. Allen voran der stolze Pfau, der weithin hörbar und dann auch mit seinem prächtigen Pfauenrad sichtbar ist. Aber einen Elch habe ich bisher noch nicht entdeckt.

Das Höhengasthaus Haldenhof liegt hoch über dem Überlinger See. Sportliche gehen die 200 Höhenmeter zu Fuß von Sipplingen oder von Ludwigshafen hinauf zum Haldenhof. Das hat den Vorteil, dass man an der Ruine Hohenfels vorbeikommt. Es ist leider nicht mehr viel zu sehen, von der um das Jahr 1150 bis 1190 erbauten Burg. Es war die Burg der Herren von Hohenfels, die hier die niedere Gerichtsbarkeit ausübten. Der etwas höher gelegene Hof „uff de Halden", wie er in frühesten Urkunden genannt wird, wurde ursprünglich als Wirtschaftshof für die Burg Hohenfels gebaut. Nach dem Aussterben des Adelsgeschlechts ging der Hof in den Besitz des Spital Überlingen ein. Von hier oben kann man ganz besonders gut hinunterschauen. Wenige Meter vom Haldenhof entfernt öffnet sich dem Besucher nämlich ein unglaublich schönes Bild über den Überlinger See. Im Hintergrund das Alpenpanorama mit Blick von den Vorarlberger Alpen bis zu den Glarner Alpen. Die Ortschaft Sipplingen am Bodenseeufer liegt direkt zu Füßen und wirkt von hier oben zusammen mit den Segelbooten, die hier ihr Kielwasser ziehen, wie eine Spielzeuglandschaft.

Und noch etwas Besonderes findet man hier: Die Burkhartslinde, benannt nach dem Minnesänger Burkart von Hohenfels, ein Zeitgenosse des bekannteren Minnesängers Walter von der Vogelweide. Wie alt die Linde ist, weiß man nicht. Sie ist jedenfalls unter dem Namen Burkhartslinde als Naturdenkmal eingetragen. Das Besondere ist ihr gespaltener Stamm. Der Raum im Stamm ist so groß, dass eine erwachsene Person gut darin Platz findet. Es gibt Menschen, die diesen Baum immer wieder aufsuchen, um sich in den Stamm zu stellen und die Kraft des Baumes aufzunehmen. Ob es funktioniert? Auf jeden Fall ist es ein Glücksort.

••

Höhengasthaus Haldenhof, Haldenhofweg 51, 88662 Überlingen
www.gasthaus-haldenhof.de
ÖPNV: Ab Bahnhof Sipplingen ca. 30 Minuten Fußweg, ab Bahnhof Ludwigshafen ca. 50 Minuten Fußweg

Eine Oase für die Kunst

38 *Handwerk auf der Hochwart*

Nur etwas mehr als 40 Meter liegt die Hochwart als höchster Punkt über dem Bodenseufer. Der Name Hochwart lässt mehr vermuten. Und trotzdem, nicht die Anzahl der Höhenmeter macht den Ort zum Glücksort, sondern vor allem die Geländeform und das, was hier oben zu finden ist. Von der Hochwart reicht der Blick ringsum über die Insel Reichenau. Besonders schön Richtung Westen auf den Untersee. Im Vordergrund stehen die Weinreben, dann der Untersee, im Hintergrund die Höri und wieder dahinter grüßt der Hegau mit seinen kecken Vulkankegeln.

1833 wurde das Häuschen auf der Hochwart von Johann Willibald von Seyfried als Teehaus und Bellevue gebaut und ging schon 1868 in den Besitz der Gemeinde Reichenau über. Anfang der 70er-Jahre wurde der typische Biedermeierbau renoviert und fortan als Künstleratelier vermietet. Heute betreibt Juliane Epp hier eine Keramikgalerie und ein kleines Café. Eigentlich wollte die aus Nürnberg stammende Betreiberin Maskenbildnerin werden. Doch dann entdeckte sie ihre Liebe zum Kunsthandwerk und machte eine Ausbildung zur Keramikerin. Als die Hochwart gerade frei wurde, war es ein Glücksfall für sie. Hier konnte sie sich mit ihrer Werkstatt häuslich einrichten. Die Leidenschaft von Juliane Epp ist es, mit dem Pinsel zu arbeiten. Daher entdeckte sie die Fayence-Technik für sich, bei der die ungebrannte Glasur bemalt wird und transparente und besonders frische Farben entstehen. Hergestellt werden vor allem Geschirr, Tassen, Schüsseln und Schalen. Für den täglichen Gebrauch sind die Werke genauso gut geeignet wie als beliebte Sammlerstücke. Ergänzt wird das Angebot durch Produkte verschiedener internationaler Künstler, wobei Juliane Epp besonderen Wert auf Qualität legt. Zeitweise sind hier auch die Arbeiten ihres Mannes ausgestellt, der als Silberschmied besondere Objekte formt, insbesondere Schalen, Schüsseln und sakrale Objekte.

Fast das ganze Jahr kann der Besucher das Flair der Hochwart erleben und genießen – nur zwischen Weihnachten und Mitte Februar ist sie geschlossen. Und zu jeder Jahreszeit ist es ein ganz besonderer Ort.

Hochwart Reichenau, Hochwartstraße, 78479 Reichenau
www.werkgaleriehochwart.de
Inselbus Reichenau, Haltestelle Hochwart

Bretter für die Welt

39 Das Theater Konstanz

Ein Knall, Lärm, die Schauspieler nehmen eine schützende Pose ein. Statt des Schusses mit der Armbrust kullern Hunderte von Äpfeln vom Dach des Konstanzer Münsters und fallen hinter den Schauspielern auf den Boden. Für den Rütlischwur wird ein Kind aus dem Publikum geholt, das ganz unvermittelt Teil der Aufführung wird.

Ich sitze in einer Freilicht-Vorführung des Theaters Konstanz – Wilhelm Tell ist das Stück. Das Stadttheater ist die älteste ständig bespielte Theaterbühne Deutschlands. Seit 1607 gibt es hier Aufführungen. Das Gebäude wurde ursprünglich als Gymnasium des Konstanzer Jesuitenklosters gebaut. Die Vorführungen fanden damals in der Aula statt. Nach dem Umzug des Gymnasiums wurde das Haus 1788 zum Theater umgebaut.

Doch Tradition und Kontinuität alleine reichen nicht, ein Theater erfolgreich fortzuführen. Eine Weiterentwicklung ist die Spiegelhalle, eine Spielstätte in einer ehemaligen Güterhalle am Konstanzer Hafen. Hier findet das experimentelle junge Theater seinen Platz. Dazu gibt es noch die Werkstattbühne.

Seit nun zehn Jahren zieht es die Schauspieler an die frische Luft. Neben dem Münster, gleich hinter dem Stadttheater, hat man hier einen Platz für das Freilichttheater gefunden. Wie Projektleiterin Claudia Knupfer erzählt, ist dies mit einem großen Aufwand verbunden. Anwohner müssen eingebunden, Genehmigungen von der Kirche, Stadt und anderen eingeholt werden sowie der Auf- und Abbau der Tribüne und Technik koordiniert werden. Die Tribüne bietet Platz für 600 Zuschauer und die Vorstellungen sind sehr gut besucht – meist sogar ausverkauft. Die Kulisse am Münsterplatz ist aber auch wirklich einmalig. Im vergangenen Jahr wurde Umberto Ecos „Der Name der Rose" gespielt – könnte es eine bessere Kulisse hierfür geben?

Auch um die Konstanzer Bevölkerung einzubinden, wirken beim Freilichttheater einige Bürger mit Sprechrollen und als Statisten mit. Ob Freilichttheater, Spiegelhalle oder im altehrwürdigen Stadttheater – ein Theaterbesuch in Konstanz ist immer für einen Glücksmoment gut.

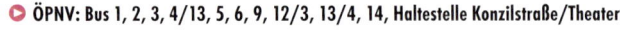

 Stadttheater Konstanz, Konzilstraße 11, 78462 Konstanz
www.theaterkonstanz.de
 ÖPNV: Bus 1, 2, 3, 4/13, 5, 6, 9, 12/3, 13/4, 14, Haltestelle Konzilstraße/Theater

An Gaul buddza

 Der schwäbisch-alemannische Mundartweg

Der Höchsten macht seinem Namen alle Ehre, mit seinen 878 Metern über dem Meer ist es die höchste Erhebung des Linzgaus und die höchste Erhebung des Bodenseekreis. Der höchste Punkt liegt auf der Grenze zwischen dem Landkreis Bodenseekreis und dem Landkreis Sigmaringen. Richtung Bodensee geht es ins Deggenhausertal hinab. Er ist damit auch die Grenze zwischen Baden und Schwaben und damit Grenze zwischen dem alemannischen und dem schwäbischen Dialekt. Das ist natürlich keine harte Grenze mit Schlagbaum, sondern eher ein fließender Übergang.

Hier oben betreibt Hans-Peter Kleemann den Berggasthof Höchsten. Als der heutige Hotelier in die fünfte Klasse ging, schickte ihn seine Lehrerin in den Nachhilfeunterricht – er sollte doch einmal Deutsch lernen ... und siehe da, auch ohne perfektes Hochdeutsch ist aus Hans-Peter Kleemann etwas geworden. Neben der Wirtschaft hat es auch ein ganz anderes seiner Projekte über die Landesgrenzen hinaus geschafft: Auf seine Initiative entstand der schwäbisch-alemannische Mundartweg.

Über gut einen Kilometer führt der kurze Wanderweg am Höchsten zu schönen Aussichtspunkten. Gespickt ist dieser mit Tafeln zu typisch schwäbisch-alemannischen Sprüchen und der Übersetzung ins Hochdeutsche. Prominente Besucher wie Tony Marshall, die königlichen Hoheiten Max Markgraf von Baden, Herzog Friedrich von Württemberg oder Lothar Späth durften hier ihre Fußabdrücke in Beton gegossen hinterlassen. Inzwischen besuchen auch viele Schulklassen den Mundartweg, eine Genugtuung für Hans-Peter Kleemann in Erinnerung an seine Schulzeit. Von den Aussichtspunkten reicht der Blick über das Linzgau und Oberschwaben hinab zum Bodensee und im Hintergrund auf 160 Alpengipfel. In einem Interview wurde Hans-Peter Kleemann zum Glück befragt. Darauf antwortet er: „Glück ist immer relativ, je nachdem, welche Ansprüche man stellt. Ich bin glücklich mit dem Jetzt und Heute – meistens ..."

> **TIPP** Bezeichnen Sie einen Badener nie als Schwabe - er könnte es Ihnen übel nehmen ... Ach, und um noch den Titel aufzulösen: Auf Hochdeutsch - „Ein Pferd striegeln".

● Berggasthof Höchsten, Höchsten 1, 88636 Illmensee
www.hoechsten.de

Hoch hinaus

41 Der Säntis

Zugegeben, der Säntis als Glücksort ist etwas entfernt vom Bodensee. Doch fast von jeder Stelle des Sees ist der 2501 Meter hohe Gipfel zu sehen. Kein Berg drängt sich so in den Vordergrund wie der Säntisgipfel, auf dem drei Kantone zusammentreffen.

Am Fuße des Säntis liegt die Schwägalp auf 1360 Metern Höhe. Eigentlich geht es hier recht beschaulich zu. Kühe kauen gemütlich auf den Weiden, Murmeltiere stoßen ihren Warnpfiff aus, sobald sich ein Wanderer nähert, und weiter oben suchen Gämsen und Steinböcke geschickt ihren Weg durch das steile Gelände. Doch einmal im Jahr, gegen Ende des Sommers, ist die Schwägalp der Platz für eines der größten Schwingerfeste der Schweiz – die Schwägalp Schwinget. Schwingen, auch Hosenlupf genannt, ist eine Variante des Ringens, welche es nur in der Schweiz gibt. Die Kämpfe werden auf Sägemehl ausgeführt. Die Kontrahenten tragen über der Kleidung die aus reisfestem Zwillich gefertigte kurze Schwingerhose. Am Beginn des Kampfes greifen sich die Gegner gegenseitig an diese Hose und versuchen sich zu Boden zu bringen – daher der Begriff Hosenlupf. Am Ende des Kampfes wischt der Sieger das Sägemehl am Unterlegenen ab – eine Geste des Respekts. Das Fest lockt tausende Besucher an und um gute Karten muss man sich frühzeitig bemühen.

Die Flanke des Säntis zur Schwägalp ist recht steil, dennoch führt hier ein Wanderweg durch. Es ist mit fast 1200 Metern Höhenunterschied der direkteste Weg auf den Säntis, 4 ½ Stunden sollte man dafür einplanen. Die steilen Passagen sind zusätzlich mit Drahtseil gesichert, trotzdem sollte man diesen Weg nur mit etwas Bergerfahrung und vor allem mit richtiger Ausrüstung wählen. Für erfahrene Wanderer ein echtes Glückserlebnis, diesen Berg zu erklimmen. Wer es bequemer möchte, wählt die Drahtseilbahn. Diese wurde seit ihrem Bau 1935 mehrfach modernisiert und präsentiert sich auf dem aktuellen Stand der Technik.

Oben angekommen schweift der Blick über sechs Länder: Schweiz, Österreich, Deutschland, Frankreich, Italien und Liechtenstein. Dafür lohnt sich der lange Weg nach oben allemal.

● Säntis, www.saentisbahn.ch
● ÖPNV: S 23, Haltestelle Urnäsch oder S 8, Haltestelle Nesslau, dann mit der Schwägalp-Linie 791 bzw. 792 zur Schwägalp, Säntis-Schwebebahn

Natur zum Anfassen

42 *Die inatura Dornbirn*

Eltern kennen das – da hat man einen Regentag im Urlaub und Kinder, die beschäftigt sein wollen. Was tun? Museum wäre eine Idee. Museum klingt erst einmal langweilig und birgt unterschwellig die Angst davor, dass die Kinder rumtollen und etwas kaputt machen. Diese Ängste sind unbegründet im inatura in Dornbirn. Langeweile kommt hier sicher nicht auf und Anfassen ist erlaubt.

Maschinenbau und Metallverarbeitung haben in Baden-Württemberg und auch in Vorarlberg eine lange Tradition. Die Region ist eine Region der Denker und Tüftler. Das Wasser der Dornbirner Aach wurde in Dornbirn zum Betrieb einer Hammerschmiede genutzt, bevor der aus der Schweiz stammende Josef Ignaz Rüsch diese aufkaufte und daraus einen der bedeutendsten metallverarbeitenden Betriebe Vorarlbergs machte. Schwerpunkt des Unternehmens wurden bald die Herstellung von Wasserkraftanlagen und Turbinen. 1984 musste das Unternehmen schließen und hinterließ eine Industrieruine, die vielleicht noch Fotografen verlassener Orte begeistern konnte.

Solche Industrieruinen sind ja immer etwas schwierig ... Was soll man damit machen? Abreißen und Platz für einen oder mehrere Wohnblöcke schaffen? Die Stadt Dornbirn entschied sich anders – ein Glücksfall für Naturfreunde, Schulen und Familien. Mehr als zehn Jahre nach der Schließung beginnt die Stadt Dornbirn mit der Planung und der Konzeption eines neuen Naturmuseums. Basis ist die Sammlung von Siegfried Fussenegger. Auf etwa 3000 Quadratmetern Ausstellungsfläche entsteht ein Entdeckerparadies zum Anfassen. Im Fokus stehen die Lebensräume Gebirge, Wald, Wasser und Stadt. Es sind die einfachen Dinge, die hier faszinieren, wie z.B. lebende Bienen und Ameisen, die hier hautnah in der Organisation ihrer Völker beobachtet werden können. Anfassen, drücken, fühlen – genau die Interaktionen, die Kinder brauchen. Aktion und Reaktion, so versteht jeder die Zusammenhänge der Natur.

Am Ende kann der Besucher die Eindrücke in der Museums-Gastronomie ausklingen lassen. Bei schönem Wetter auch draußen im Hof.

....

◯ inatura, Jahngasse 9, A-6850 Dornbirn
www.inatura.at
◯ ÖPNV: Bus 7, Haltestelle Inatura oder Bus 1, Haltestelle Steggasse, ca. 5 Minuten Fußweg

Hopfen und Malz ...

 Das Hopfengut No 20 in Tettnang

Im Hinterland zwischen Markdorf und Tettnang wechselt fließend die landwirtschaftliche Fläche. Bestimmten am See die Weinreben und vor allem der Obstbau das Landschaftsbild, ist es hier der Hopfen. Was der Laie vielleicht als eine besondere Form der Stangenbohnen interpretiert, ist tatsächlich ein Edelhopfen, der weltweit begehrt ist. Etwa 8 Meter hoch wird der Humulus Lupulus, so der lateinische Name, der bis zu 30 cm an einem Tag wächst. Und für den Hopfenbauern gilt: „Der Hopfen möchte seinen Bauern jeden Tag sehen". Anhäufen, Boden lockern, Unkraut entfernen sind die Arbeiten, die bis zur Ernte anstehen. Bereits in vierter Generation pflanzt die Familie Locher das grüne Gold für Betriebe aus aller Welt an. Es sind vor allem Aromahopfen, die nicht nur in Brauereien, sondern auch für andere Produkte wie Hopfentee, Liköre, Schnäpse und für medizinische Anwendungen verwendet werden. Ende August beginnt die aufwändige Ernte. Einst war dies eine mühevolle Handarbeit, die besonderes Geschick erforderte. Mitte des letzten Jahrhunderts waren bis zu 5.000 Erntehelfer vor allem aus dem Vorarlberg und Tirol hier beschäftigt. Heute geschieht dies maschinell.

TIPP *Ganz in der Nähe befindet sich das Outlet von Vaude für Schnäppchenjäger.*

Familie Locher hat das Hopfengut No 20 zu einem Museum, Laden und Gastronomiebetrieb ausgebaut. Wer also die Erntezeit hautnah erleben möchte, ist hier genau richtig. Auf eindrucksvolle Art und Weise wird hier gezeigt, wie der Hopfen verarbeitet und getrocknet wird. Seit ein paar Jahren gibt es auch eine kleine, eigene Brauerei, in der besondere Bierspezialitäten gebraut werden, vor allem alte Biertypen, die recht hopfenlastig sind. Besucher können darüber staunen, welche unterschiedlichen Farben das Bier durch verschiedene Brauverfahren annimmt. Von Dunkelbraun über Gold bis Hellgelb reichen die Nuancen. Mit zahlreichen Veranstaltungen begeistern Lukas Locher und Charlotte Müller die Besucher für die Welt des Hopfens. Ein ganz besonderes Erlebnis ist das eigene Bierbrauen. Ob Sie das Zeug zum Braumeister haben? Testen Sie es selbst.

▶ **Hopfengut No 20, 88069 Tettnang**
www.hopfengut.de

Auf den Gleisen strampeln

 Eine Fahrt mit dem Schienenvelo bei Etzwilen

Eigentlich hatte ich mir eine Draisine etwas anders vorgestellt. So wie im Film „My Name is Nobody", in dem Terence Hill alias „Nobody" auf den Gleisen davon eilt. Das Schienenvelo bei Etzwilen scheint die moderne Form davon zu sein. Bis zu fünf Personen können wie auf einem Fahrrad auf der alten Bahnstrecke Singen-Etzwilen fahren. Wobei, in die Pedale treten müssen oder dürfen nur zwei Personen. Die anderen können auf den hinteren Plätzen einfach entspannt sitzen und sich den Wind um die Nase wehen lassen. Die Schienenvelotour startet am Bahnhof in Ramsen – gleich hinter Moskau und Petersburg. Nein, wir sind nicht in Russland, sondern am westlichen Ausläufer des Bodensees in der Schweiz.

Die Bahnstrecke Singen-Etzwilen wurde 1875 von der schweizerischen Nationalbahn eröffnet. Das Besondere an dieser Bahnstrecke ist, dass sie nie elektrifiziert wurde. Lange Zeit wurde sie für den Güterverkehr genutzt, doch 2004 wurde das dazugehörige Terminal nach Singen verlegt und die Bahnstrecke drohte zu zerfallen. Dank einer Stiftung, die die Strecke und die Infrastruktur käuflich übernahm, konnte sie für die Freunde der Eisenbahn gerettet werden. Im Laufe der Jahre erwarb der Verein einiges an Rollmaterial: Mehrere Personenwagen, einen Speisewagen, einen Barwagen und drei Diesel-Lokomotiven. Auch einen Schienenbus, wie man ihn aus den 60er-Jahren des letzten Jahrhunderts kennt. Alle historischen Wagen können auf der ehemaligen Bahnstrecke besichtigt werden. Eine eindrucksvollere Zeitreise auf Schienen gibt es kaum.

Mit dem Schienenvelo dürfen wir fast bis Etzwilen strampeln – ein besonderes Erlebnis ist die Fahrt über die alte Rheinbrücke. Aus 25 Metern Höhe bietet sich ein Blick auf den Rhein, den man sonst nicht hat. Eine Stunde Fahrzeit sollte man für einen gemütlichen Hin- und Rückweg einrechnen. Für das Wenden des Schienenvelos sind mindestens zwei Personen erforderlich. Doch das tut dem Glück keinen Abbruch – dafür geht es weder bergab noch bergauf.

> **TIPP** Es werden auch Dampflokfahrten angeboten. Dabei überquert man die imposante Brücke über den Rhein bei Hemishofen.

○ Schienenvelo, Museumsbahn Stein am Rhein, CH-8260 Stein am Rhein
www.etzwilen-singen.ch
○ ÖPNV: RB 46, Haltestelle Ramsen

Ein kleiner Italiener ...

Die Bodensee-Schiffsbetriebe

Nein, jetzt kommt nichts über eine besondere Pizzeria am Bodensee – wir begeben uns auf Hohe See. Und dies mit Kapitän Rocco Fazzari. Wer stellt sich da nicht die Frage, wie ein Italiener als Kapitän auf den Bodensee kommt? Rocco ist Deutscher und Italiener. Als er noch ein kleines Kind war, entschlossen sich seine Eltern nach Deutschland zu gehen. Hier ist er aufgewachsen und hat seine Berufsausbildung zum Kfz-Mechaniker gemacht. Später wechselte Signore Fazzari dann zur Bundesbahn, zu der in dieser Zeit auch noch die Schifffahrtsbetriebe gehörten. Als diese dann als eigene GmbH privatisiert wurden, ergriff er die Gelegenheit. Vom Landmatrosen arbeitete er sich hoch zum Schiffsführer.

Die Bodensee-Schifftsbetriebe sind heute mit einer Flotte von zwölf Motorschiffen und etwa 180 Mitarbeitern das größte Schifffahrtsunternehmen am Bodensee. Gesteuert wird die Flotte von den Kapitänen. Alle Schiffsführer müssen eine handwerkliche Berufsausbildung haben, denn im Winterhalbjahr, wenn der Schiffsbetrieb eingestellt ist, kümmern sie sich mit um den Erhalt und die Modernisierung ihrer Flotte. Dadurch haben sie einen ganz persönlichen Bezug zum Schiff. Es ist wie das eigene Auto, an dem hin und wieder geschraubt wird. Damit jeder Schiffsführer jedes Schiff problemlos steuern kann, wird ständig gewechselt. Heute, wo ich ihn begleite, steuert Rocco die MS Überlingen – das jüngste und modernste Schiff der BSB Flotte. Alle Schiffe sind auf dem aktuellen Stand mit feinstem Radar ausgestattet – selbst ein Schwan kann auf dem Radar abgebildet werden. Das ist wichtig, denn oft sind die Schiffe der BSB auch bei schlechter Sicht oder bei Dunkelheit unterwegs. In der Saison, die von Mai bis Oktober dauert, fahren die Schiffe der BSB Kurse auf dem gesamten Bodensee und bieten zahlreiche Sonderfahrten an. Eine solche Schifffahrt ist etwas, das man sich nicht entgehen lassen sollte. Wahre Glücksmomente warten hier an Deck. Und wenn ein etwas kleinerer, gut gebräunter Kapitän Ihnen zuwinkt – dann ist es wahrscheinlich Rocco, der kleine Italiener.

TIPP Besondere Highlights sind die Erlebnisfahrten, z.B. mit einer Weinprobe an Deck oder in Begleitung von Live-Musik.

 Bodensee-Schiffsbetriebe
www.bsb.de
 Zustieg an allen Anlegestellen möglich

Mehr als 32 Zähne

46 *Zum Witzweg bei Walzenhausen*

Eine Zahnradbahn am Bodensee? Gibt es! Ende des 19. Jahrhunderts dienten Kutschen und Pferdefuhrwerke für den Transport von Personen und Gütern. Es war die große Zeit der Eisenbahn – um 1880 wurde der Gotthardtunnel gebohrt und gesprengt. Mit der Belle Époque entdeckte der aufkommende Tourismus auch den Bodensee und verschiedene Bahnstrecken entstanden.

Die Orte Walzenhausen und Heiden entwickelten sich in dieser Zeit zu Kur- und Feriengebieten. Es entstanden Gästehäuser, Pensionen und Hotels. Eine lange Fahrt mit dem Pferdefuhrwerk ist natürlich nichts für mondäne Touristen. So entstanden Pläne für eine Anbindung dieser Ortschaften mit der Ortschaft Rheineck. Die Planer hatten sich für eine Standseilbahn mit Wassergewichtsantrieb entschieden. Bei dieser Technik musste die Ausweichstelle, an der sich die bergauf- und die bergabfahrende Bahn begegnen, genau in der Mitte sein. So kam es, dass die Fahrgäste 700 Meter vom Bahnhof Rheineck zu Fuß bewältigen mussten. 1958 erfolgte dann der Umbau zur heutigen Zahnradbahn mit Gleichstromversorgung und damit entfiel auch der Fußweg zur Bahn. Bis heute gibt es nur einen einzigen Triebwagen. Schon allein deshalb ist die Fahrt mit dieser Bahn für jeden Freund der Eisenbahn ein Muss.

Und wenn man schon einmal in Walzenhausen ist, empfiehlt es sich, den gut 8 Kilometer langen Witzweg zu gehen. Auf dem gut ausgeschilderten Wanderweg nach Heiden wird die ganze Familie mit 70 Witztafeln unterhalten, die für Heiterkeit und Spaß sorgen. Zugegeben, die Witze sind etwas einfach, dafür lernt der Besucher etwas den Appenzeller Dialekt und auch die Kleinen können lachen. Für die Witze gibt es jeweils eine Übersetzung ins Hochdeutsche – auch Einheimische sind darüber mängisch (manchmal) ganz froh. Auf jeden Fall werden Groß und Klein den herrlichen Blick von hier oben über den Bodensee genießen. Abgerundet wird dann das Glück mit einem Spaziergang durch das Biedermeierdorf Heiden. Mit dem Postbus geht es dann zurück nach Walzenhausen.

▶ Witzweg, CH-9410 Heiden
www.appenzellerland.ch/de/witzweg
▶ Zahnradbahn Walzenhausen, www.appenzellerbahnen.ch
▶ ÖPNV: S25, Haltestelle Heiden, Bus 222, 223, 224, 225, Haltestelle Heiden, Bahnhof

Wo die Liebe hinfällt

47 *Ekkehard auf dem Hohentwiel*

Der Hohentwiel ist für die ganze Familie ein Erlebnis. Die Jungen dürfen sich noch einmal als Raubritter fühlen, während Mädchen dem Traum als Burgfräulein nachgehen können. Und steckt nicht in jedem von uns noch ein Kind?
Was heute Harry Potter ist, muss der historische Roman „Ekkehard" von Victor von Scheffel Ende des 19. Jahrhunderts gewesen sein. Im Vordergrund des Romans stehen die Begehrlichkeiten der wissensdurstigen Herzogin Hadwig von Schwaben, die sich den Lateinlehrer und Mönch Ekkehard auf die Burg Hohentwiel holt. Heute ist der Hohentwiel eine der größten Festungsruinen Deutschlands. Interessant ist, dass die Festung auch während des 30-jährigen Kriegs nie eingenommen wurde. Während der französischen Revolution waren die Österreicher hier oben. Sie kapitulierten dann jedoch und übergaben die Festung kampflos den Franzosen. Durch sie erfolgte dann auch die Schleifung des Hohentwiels. Der Hohentwiel ist Teil der Hegauberge. Es handelt sich um Vulkane, aus denen Magma emporstieg und dann erkaltete – wie ein Korken in der Flasche. Das war vor etwa neun Millionen Jahren. In den Eiszeiten, die folgten, wurde das weichere, äußere Gestein abgetragen – so entstanden die Kegel und damit die einmalige Hegaulandschaft.
1849 kam der Hohentwiel als württembergische Enklave zur Stadt Tuttlingen und erst 1969 zur Stadt Singen, was seitdem mit dem Hohentwielfest gefeiert wird. Von 1975 bis 1998 fand auf der Burgruine ein Jazz-Festival statt, das die absoluten Größen des Jazz anzog – Miles Davis, Dizzie Gillespie u.a. gaben hier ihr Gastspiel. Einsparungen im Kulturhaushalt und Naturschutzgründe führten dann zur Einstellung dieses fantastischen Festivals. Mit Wehmut erinnert sich der Jazz-Fan an diese Zeiten.
Was zum Glück geblieben ist, ist der einzigartige Blick über den Bodensee bis zum Alpenpanorama – und natürlich eine Menge Kindheitsträume, die hier geweckt werden.

- Festungsruine Hohentwiel, Auf dem Hohentwiel 2a, 78224 Singen
  www.festungsruine-hohentwiel.de
- Es stehen kostenlose Parkplätze zur Verfügung
- ÖPNV: Ab Bahnhof Singen Landesgartenschau ca. 30 Minuten Fußweg

Straubeze und Holundermus

 Das Freilichtmuseum Neuhausen ob Eck

Straubeze, Rietemer Gmootz, Holundermus? Schon bei den Namen gerät der Besucher ins Grübeln und überlegt, ob er das jetzt wirklich essen soll. Ja, es handelt sich um alte Gerichte, wie sie bei der Bevölkerung des späten Mittelalters zur Alltagskost gehörten. Straubeze war eine in Fett gebackene Teigspeise, die den Arbeiterinnen mit einer Kanne Tee aufs Feld gebracht wurde. Rietemer Gmootz war eine Art Restessen: eine Lage Kartoffeln, darauf gekochtes Sauerkraut und eine Lage Spätzle.
Die raue Kost ist der jährliche Abschluss der Saison im Freilichtmuseum Neuhausen ob Eck. Es befindet sich am Rand der gleichnamigen kleinen Ortschaft und wurde 1988 eröffnet. Mittlerweile besteht es aus 25 original historischen Gebäuden, die an ihrem alten Platz vom Abriss bedroht waren. Sie wurden an ihrem historischen Platz abgebaut und hier originalgetreu wieder aufgebaut. Mit sehr viel Liebe zum Detail sind die Gebäude mit Antiquitäten eingerichtet und zeigen sich so, als wenn sie ständig bewohnt wären. Auf diese Weise veranschaulichen die Häuser, wie die Menschen früher lebten und arbeiteten. Denn es finden sich auch einige darunter, die frühere Handwerke zeigen, wie das Weberhaus, eine Seilerei, die Dorfschmiede oder eine Hafnerwerkstatt. In einem solchen Dorf dürfen natürlich die Dorfkirche, das Schul- und Rathaus und das alte Kaufhaus nicht fehlen. Das Kaufhaus Pfeiffer wurde mit dem gesamten Inventar umgezogen. Tausende originale Artikel und Verpackungen können bestaunt werden. Bei den etwas älteren Besuchern wird sicher mit einem Schmunzeln eine Erinnerung beim Betrachten der Regale wach. Die Kinder werden vielleicht etwas skeptisch schauen, wenn sie das historische Schulhaus betreten. Die Schulräume sind so eingerichtet, wie sie die Schüler 1875 und 1920 erlebten. Also unbedingt Oma und Opa mitnehmen, die dann auch noch etwas aus ihren Kindheitserinnerungen erzählen können.
Am Ende des Ausflugs durch das Freilichtmuseum lädt das historische Gasthaus Ochsen zu einer Stärkung ein – natürlich mit gut bürgerlicher schwäbischer Kost.

....

Freilichtmuseum Neuhausen ob Eck, Museumsweg 1, 78579 Neuhausen ob Eck
www.freilichtmuseum-neuhausen.de
ÖPNV: Bus 54, Haltestelle Freilichtmuseum, Neuhausen ob Eck

Die Kurtisane von Konstanz

49 Die Imperia

In etwa 4 Minuten dreht sich die Imperia um die eigene Achse. Lassen Sie sich also etwas Zeit, wenn Sie ein Foto von ihr machen möchten. Nach Sonnenuntergang bleibt sie stehen. Und wie es sich für eine Göttin gehört, ist ihr Gesicht nach Osten gerichtet – in Erwartung des Sonnenaufgangs und eines neuen Tags. Der Bodensee-Besucher sollte es ihr gleichtun und (mit etwas Abstand) das schöne Morgenlicht und die Ruhe genießen, bevor die Stadt zu neuem Leben erwacht ...

War das eine Aufregung, als 1993 diese Statue des Bildhauers Peter Lenk enthüllt wurde. Vor allem Kirche und der Konstanzer Stadtrat protestierten heftig gegen die „Prostituierte" mit ausladenden Brüsten als Denkmal an der Konstanzer Hafeneinfahrt. Doch machen konnten sie dagegen nichts; die Statue steht auf dem Privatgrundstück der Deutschen Bahn und diese hat dem Bildhauer aus dem Frankenland den Auftrag für eine Figur für die Hafeneinfahrt gegeben. Die Menschen am Bodensee akzeptierten die Imperia jedoch schnell. Die Darstellung der Imperia beruht auf einer frivolen Erzählung von Honoré de Balzac. Die schöne Imperia ist in dieser Erzählung sowohl Geliebte von Kardinälen als auch von Fürsten und Markgrafen während des Konstanzer Konzils. Dieses dauerte von 1414 bis 1418 und sollte das Abendländische Schisma beenden – drei Päpste konkurrierten um das höchste kirchliche Amt. Als neutraler Ort zur Klärung dieses Konflikts wurde Konstanz gewählt, wodurch es hier zur ersten und einzigen Papstwahl auf deutschem Boden kam. Etwa 6000 Einwohner hatte Konstanz zu dieser Zeit und etwa 72.000 Gäste mussten für dieses Ereignis beherbergt werden – sicher auch eine große Anzahl an Prostituierten. So berichtete der Konstanzer Konzilschronist Ulrich Richental von Hurenhäusern und den Heimlichen. Mit der Imperia nimmt der Bildhauer Peter Lenk die Doppelmoral genauso wie Balzac aufs Korn. Auf ihrer Linken trägt sie einen Gaukler, der sich die Insignien der Kirche angeeignet hat, auf ihrer rechten Hand einen Gaukler mit Krone und Reichsapfel. Glücklich scheinen beide, wie sie da so sitzen …

○ Imperia Konstanz, Hafenstraße, 78462 Konstanz
www.peter-lenk.de
○ ÖPNV: Ab Bahnof Konstanz wenige Minuten Fußweg

Herbstblues adé

50 *Beim Fesslerhof am Eichenberg*

Spätestens, wenn es Herbst wird, wenn der Nebel oder Hochnebel so richtig auf die Gemüter der Menschen am Bodensee drückt, zieht es auch die Einheimischen nach oben. Es muss dabei nicht der höchste Berg oder ein Gipfel sein, einfach nur über dem Nebel die Sonne zu genießen reicht vollkommen.

Genau an solchen Tagen, die man vor allem im September oder Oktober erleben kann, sollten Sonnenhungrige unbedingt den Weg zum Fesslerhof suchen. Zwischen Lochau und Hörbranz zeigt ein Wegweiser die Straße zur Ortschaft Eichenberg. In engen Kurven windet sich die Straße in die Höhe und führt rasch über die Nebeldecke. Schon bald wechselt das trübe Grau zu einem herrlichen Blau und es ergeben sich fantastische Lichtblicke. Das Gemüt atmet auf, spürt das Glück der Wärme und der Sonne. Weiter geht's Richtung Pfänder, bis eine schmale Straße links zum Fesslerhof führt. Vor der Einkehr lohnt sich unbedingt ein Spaziergang auf dem geschotterten Weg, denn wie heißt es so schön: „Vorfreude ist die schönste Freude." Der Weg hier ist Teil des Käsewanderwegs, der verschiedene Sennereien und Bauernhöfe am Pfänder miteinander verbindet. Entlang des Weges informieren Tafeln zum Thema Käse und machen Appetit auf die spätere Einkehr. Einige Bänke laden zum Sitzen und Genießen ein. Ab und zu tut sich eine Lücke auf und dann sieht man in der Tiefe die Insel Lindau und den Rheindamm, der in den See führt, im Hintergrund die ganze Alpenkette, dominierend mit dem Alpstein im Vordergrund. Ein weiterer Blick reicht über die Glarner Alpen bis zu den Berner Alpen. Schnell ist die trübe Herbststimmung vergessen.

Nach so einem Spaziergang lässt sich der Wanderer gerne glücklich und gemütlich beim Fesslerhof nieder, um die Produkte aus der hauseigenen Schlachterei zu genießen. Und das Beste: Viele der angebotenen Leckereien können mitgenommen werden. Gleich daneben findet sich der kleine Hofladen, wo Bergkäse, Rauchfleisch, Speck und Würste in der Auslage liegen. Wer sich über den Begriff Selchfleisch wundert – damit ist geräuchertes Fleisch gemeint, das es hier natürlich auch gibt.

Fesslerhof, Schüssellehen 28, A-6911 Eichenberg
www.eichenberg-bodensee.at

Wilhelma am Bodensee

51 *Das Wasserschloss Montfort in Langenargen*

Der aufmerksame Beobachter wird stutzig werden, wenn er die Fassade des Schlosses Montfort in Langenargen erblickt. An irgendetwas fühlt man sich erinnert ... Richtig, es ist die Wilhelma in Stuttgart. Beide zeigen den maurischen Stil. Wie es dazu kommt? Da muss man in der Geschichte des ehemaligen Wasserschlosses zurückgehen.

Der Ort, wo das Schloss Montfort steht, war ursprünglich eine Insel. Schon zur Römerzeit standen darauf zwei Wachtürme. Im 14. Jahrhundert baute Graf Wilhelm II. von Montfort die Burg Argen auf die Insel. Im 17. Jahrhundert wird sie, nachdem sie mehrfach durch Blitzschlag und Brand beschädigt wurde, unter Graf Johann zu einer Schlossanlage umgebaut. Nachdem die Herrschaft der Grafen von Montfort zusammengebrochen war, brach auch das alte Schloss Montfort langsam ein. 1811 ging die Ruine schließlich an Wilhelm I. über, der die Reste abreißen ließ, um einem Neubau Platz zu machen. Und da schließt sich der Kreis: Wilhelm I. war ebenso maßgeblich am Entwurf der Wilhelma in Stuttgart beteiligt und wohl ein Fan des maurischen Stils. Es macht wirklich Spaß, um das Schloss herum zu gehen und die Parallelen zu entdecken. Sehr ähnliche Verzierungen und Muster im Mauerwerk sind zu erkennen.

TIPP *Einmal im Monat lädt der Jazz Club Montfort zu glanzvollen Jazzhighlights in stimmungsvoller Atmosphäre ein.*

Auch wenn das Schloss Montfort heute nicht mehr von Wasser umgeben ist, ist es das einzige noch stehende Wasserschloss am Bodensee. Heute ist es im Besitz der Gemeinde Langenargen, welche die Räume verpachtet hat. Im Kellergeschoss befindet sich eine Edel-Disco und im Erdgeschoss ein Café-Restaurant. Eine enge Wendeltreppe führt zu einer herrlichen Aussichtsplattform. Aber keine Angst: Es braucht nicht viel Mut, den 30 Meter hohen Turm zu besteigen. In den Sommermonaten kann er besichtigt werden. Von oben bietet sich dann ein toller Blick über den Obersee und auf die Gipfel der Schweizer Voralpen und des hügeligen Hinterlands. Und auch angehende Brautpaare, die eine exklusive Location am Bodensee suchen, werden hier glücklich sein.

▸ Schloss Montfort, Untere Seestraße 3, 88085 Langenargen
www.vemax-gastro.de
▸ ÖPNV: Ab Bahnhof Langenargen ca. 10 Minuten Fußweg

Jahrhundertbauwerk

52 *Das Rhein-Schauen Museum mit Bahn*

Jedes Jahr beginnt es aufs Neue: Mit der Schneeschmelze in den Bergen und dem Regen im Frühjahr steigt der Bodensee wieder auf seinen Normalpegel. Der größte Zufluss ist ja bekanntlich der Rhein. Neben dem Wasser aus den Alpen befördert dieser aber auch Geröll und Sedimente in den Bodensee. Insbesondere die Schneeschmelze im Frühjahr führte immer wieder zu Überschwemmungen im Rheindelta. So auch 1868, als fast das gesamte Rheintal unter Wasser stand. In einem Staatsvertrag einigten sich deshalb Österreich und die Schweiz 1892 auf eine gemeinsame Rheinregulierung. Der Flusslauf wurde um 10 Kilometer verkürzt und damit das Gefälle vergrößert. Mit einem Damm wurde das Flussbett außerdem in den See hinein vorgestreckt, damit die Sedimente in den tiefen Teil des Bodensees gelenkt werden. Für den Bau des Damms wurde eine Eisenbahnstrecke gebaut, die die großen Steine aus den naheliegenden Steinbrüchen brachte und ausgebaggerte Sedimente zurücktransportierte.

Durch diese Rheinregulierung trockneten ehemalige Feuchtbiotope aus und neue entwickelten sich. So entstand eines der größten Naturschutzgebiete am Bodensee. In den Wiesen des Rheindamms finden sich zahlreiche Orchideen und seltene Pflanzen wie Knabenkraut und Helmorchis. Die Flachwasserzonen sind ein bedeutendes Brut- und Rastgebiet für zahlreiche Vögel wie Brachvogel und Uferschnepfe. Für viele nordische Zugvögel ist das Rheindelta einer der letzten Rastplätze.

Zum 100-jährigen Jubiläum des Staatsvertrags 1992 wurde eine große Ausstellung zur Rheinregulierung geschaffen, zu deren Erhalt sich der Verein *Rhein-Schauen* gründete. Dieser übernahm die Bahnstrecke und betreibt sie heute als Museumsbahn. Insgesamt stehen dem Verein zwei Dampf- und acht Diesel- bzw. Elektrolokomotiven zur Verfügung. Ein besonderer Glücksmoment ist eine Fahrt mit der Rhein-Schauen-Bahn auf dem Rheindamm. Auf der einen Seite fließt der Rhein, auf der anderen Seite liegt der See und dann geht die Fahrt durch eines der schönsten Naturschutzgebiete am Bodensee.

- Rhein-Schauen, Höchster Straße 4, A-6890 Lustenau
- ÖPNV: Ab Bahnhof Lustenau ca. 10 Minuten Fußweg

Das Auge liest mit

53 *Die Stiftsbibliothek in St. Gallen*

Nein, er ist nicht da – der junge Mann aus Thomas Hürlimanns Novelle „Fräulein Stark". Er, der den Damen beim Anziehen der Pantoffeln unter den Rock schaut. Ob es diese Ferienkräfte je gab, darüber schweigt man in der Stiftsbibliothek St. Gallen. Also schlupfen wir selbst in die großen Filzpantoffeln und begeben uns in Richtung des Barocksaals.

Beim Betreten der riesigen Bibliothek stockt erst einmal der Atem. Der Besucher fühlt sich mitten in Hogwarts bei Harry Potter oder einer ähnlichen Fantasy-Geschichte. Der Saal scheint an der Masse mittelalter Schriften und Bücher überzuquellen. Jede noch so kleine Nische wurde ausgenutzt, um Platz für die kostbaren Werke zu schaffen. An der Decke setzt sich dieser pompöse Anblick fort – die Gemälde stellen die ersten vier ökumenischen Konzilien dar.

Die Stiftsbibliothek St. Gallen ist eine der ältesten und größten Klosterbibliotheken weltweit. Ihr Ursprung geht auf den irischen Mönch St. Gallus zurück, der hier um 612 eine Zelle gründete. Im Jahr 719 übernahm der Alemanne Otmar von St. Gallen die Gemeinschaft und baute sie zu einer benediktinischen Reichsabtei aus. Die Vervielfältigung von Büchern fand in dieser Zeit durch Abschreiben statt. Hierfür hatten die Klöster ihre eigene Schreibwerkstatt. Durch Schenkungen und Ankauf wurde der Bestand an Büchern stetig erweitertet. Auch die Wirren der Reformation überstand die Bibliothek ohne große Einbußen. Heute umfasst sie über 170.000 Titel und mehr als 2100 Handschriften, wovon ein Teil aus der Zeit vor 1100 stammt. Die Stiftsbibliothek St. Gallen gilt in ihrer Form als einer der vollendetsten Bibliotheksbauten der Welt.

Besonders spannend ist es, die Geschichte der Schrift anhand der ausgestellten Exponate nachzuvollziehen. Die ältesten Handschriften sind noch in der Capitalis quadrata geschrieben – nur Großbuchstaben und keine Wortzwischenräume. Ein wahrer Glücksmoment für alle Leseratten, wenn ein Buchstabe entziffert werden kann. Am liebsten möchte man die Bücher aus den Regalen herausziehen und pausenlos darin blättern ...

••

◉ Stiftsbibliothek St. Gallen, Klosterhof 6 d, CH-9000 St. Gallen
www.stibi.ch
◉ ÖPNV: Bus 10, Haltestelle Stiftsbezirk

Zur eigenen Mitte finden

54 *Auf der Klosterinsel Werd*

Glück ist relativ ... Im Mittelalter steigerten die Klöster ihren Reichtum vor allem durch Schenkungen. Schon damals galt wohl: Beziehungen sind alles. Je bessere Beziehungen, umso reicher die Schenkungen. Abt Otmar im Kloster St. Gallen muss darin wohl recht erfolgreich gewesen sein. Leider geriet er dadurch in die politischen Mühlen der fränkisch-alemannischen Auseinandersetzungen um das Jahr 750. Unter fälschlicher Anklage wurde Otmar im Jahr 759 zum Tod durch Verhungern in der Königspfalz Bodman verurteilt. Das Urteil wurde abgemildert in Verbannung auf die kleine Insel Werd bei Stein am Rhein. Er starb aber bereits ein Jahr später. Zum Gedenken Otmars entstand die Kapelle und das kleine Kloster auf der Insel Werd.

Schon der Zugang zu der kleinen Insel ist etwas mystisch – erst ein von Laub umschlossener Weg mit dem Licht am Ende und dann der Gang über die schmale Brücke, die über den Rhein zur kleinen Insel inmitten des Rheins führt. Selbst wenn der Besucher mit dem Auto die Insel anfährt – der 300 Meter lange Fußweg vom Parkplatz am Ortsrand von Eschenz auf die Insel wirkt entschleunigend.

Auf den ersten Blick wirkt die Insel gewöhnlich – eine Insel, Wasser, Ufer, eine Kapelle. Doch dann trifft der Besucher auf das Labyrinth, gestaltet aus Gras und Steinen und nachgebildet nach dem berühmten Labyrinth von Chartres. Vor dem Betreten ist ein erstes Innehalten angebracht. Die Mönche der Insel empfehlen, den Weg barfuß zu gehen. 444 Meter im Kreis, vor und zurück, nicht wissend wohin und doch zum Ziel. Wer den Weg geht, sollte am Ende, in der Mitte, einen Moment inne halten und die Augen schließen. Welchen Weg bin ich gegangen? Wer hat mich geführt? Egal, wie die Antwort ausfällt, werden wir uns angekommen fühlen. Es ist der Weg zur eigenen Mitte. Wer diese Erfahrung auf sich wirken lässt, wird nun die gemütliche Bank am Ufer der kleinen Insel aufsuchen. Sich hinsetzen, die Erfahrung und die Atmosphäre der kleinen Klosterinsel spüren.

Insel Werd, CH-8264 Eschenz

Es piekst überhaupt nicht

55 *Das Strohhotel in Frasnacht*

Wir erinnern uns. Als Kinder haben wir in den Sommermonaten gerne bei einem Bauern geschlafen – im Stroh. Damals waren die Strohballen ausschließlich rechteckig und wurden in einer Scheune gelagert. Aufgrund ihrer Form konnte man sich seine eigene Wohnung und seinen eigenen Schlafplatz schaffen – war das herrlich ... Das Übernachten im Stroh ist wieder populär geworden. Schafft es doch ein ganz eigenes, besonderes Erlebnis. Gerade in der Schweiz, im Kanton Thurgau, entstanden in den letzten Jahren neue Übernachtungsmöglichkeiten.

Der Bodensee-Radweg gehört zu den beliebtesten Rundtouren für Radfahrer überhaupt. Die große Runde ohne Abkürzung beträgt 260 Kilometer. Aber keine Sorge, Sie müssen die Strecke nicht an einem Tag bewältigen – im Gegenteil: lieber langsamer fahren und dafür die Landschaft genießen. Nur wo übernachten? Da der Radfahrer einfach unterwegs ist, ist ein Luxus-Hotel in der Regel weniger angebracht. Was für ein Glück, dass es auf der Schweizer Seite des Bodensees einige Heuhotels gibt, die am Rande des Radwegs liegen. Eines davon ist das familiengeführte Stroh- und Heuhotel in der Nähe von Arbon. Der Schlafsack für das Übernachten im Stroh sollte mitgebracht werden, kann aber im Notfall auch ausgeliehen werden. Wer ein Problem mit dem Massenlager im Stroh hat, kann auch auf eines der beiden Doppelzimmer ausweichen. Zur Ankunft sollte man unbedingt zuerst das hausgemachte Joghurteis probieren.

Die Familie Stäheli hat sich voll und ganz der Region verschrieben. Getränke, Desserts oder Eis – fast alles hat mit Most oder Obst aus der Region zu tun. Dieser Ort ist echte Land-Lust. Elisabeth Ströhli, die das Landhotel leitet, freut sich auf jeden Gast. Zur Erntezeit heißt es dann „Köstlich Möstlich" bei den Stählis. Dann veranstalten sie Apéros für Gruppen. Verschiedene Säfte stehen zur Degustation bereit – mit und ohne Alkohol, Cidre und Weinarten. Schließlich ist der Besucher hier in Mostinidien unterwegs ... Wer noch Platz auf seinem Zweirad hat, sollte unbedingt etwas davon mitnehmen.

Strohhotel und Café Chärnhuus, Kratzern 39, CH-9320 Frasnacht
www.mostgalerie.ch
ÖPNV: Bus 941, Haltestelle Frasnacht Post, ca. 10 Minuten Fußweg oder S7, Haltestelle Arbon Seemoosriet, ca. 30 Minuten Fußweg auf dem Philosophenweg

Veronika, der Lenz ist da ...

56 *Der Blütenweg bei Sipplingen*

Wenn nach den grauen Wintertagen endlich der Frühling an den Bodensee kommt, dann sollte der Naturfreund einen Glücksort nicht auslassen: den Blütenweg zwischen Ludwigshafen und Sipplingen.

Die 3 Kilometer lassen sich gemütlich spazieren. Gleich vom Ortsausgang in Ludwigshafen Richtung Überlingen geht der Weg durch die Obstbäume. Hier sind es vermehrt Kirschbäume, die strahlend weiß blühen. Sipplingen ist für seinen Kirschenanbau weit bekannt. Die Kriese, wie hier die Kirsche genannt wird, findet sich auch in der Sipplinger Fasnachtsfigur der Trube-Kriese Rätscher.

Nach etwa einem Kilometer steigt der Weg an und entfernt sich von der Straße. Ruhe kehrt ein und mit zunehmender Höhe öffnet sich dem Spaziergänger der Blick über den Überlinger See und bald weit hinaus auf den Obersee. Bei solch einer Aussicht an einem warmen Frühlingstag liegt einem unweigerlich das Liedchen „Veronika, der Lenz ist da ..." auf den Lippen. Der Genießer lässt sich Zeit und nutzt eine der zahlreichen Bänke, um dieses Glück länger auszukosten. Hier oben sind es jetzt Streuobstbäume, Apfel und Birne, die den Weg säumen und die Wiesen füllen. Klar, dass dieser Weg auch Teil des Premium-Wanderwegs „Seegang" ist. Wer überschüssige Kraft in den Beinen hat, kann die Abzweigung hinauf auf den Otto-Hag-Weg nehmen. Hier oben gibt es zwar keine Obstbäume, dafür ist die Aussicht aufgrund der gewonnenen Höhenmeter noch etwas spektakulärer. Hier verläuft der Weg dann ein kurzes Stück durch den Wald, um wieder hinunter auf den Blütenweg zu führen. Kurz vor den ersten Häusern der Ortschaft Sipplingen grasen Ziegen auf den Wiesen. Sie pflegen die Landschaft, indem sie aufkommendes Gehölz verbeißen. Wer es ganz gemütlich möchte, nimmt von Sipplingen das Schiff zurück nach Ludwigshafen. Das nächstbeste Schiff muss es nicht sein, denn direkt am Bodenseeufer unweit der Schiffslandestelle lädt noch das Ristorante Riva zur Einkehr ein. Von der Terrasse kann man dem Plätschern der Bodenseewellen lauschen und die Wassersportler auf dem See beobachten.

Blütenweg Sipplingen, 78354 Sipplingen

An der Mole, letzter Baum

57 *Sepp Bögle in Radolfzell*

Fragt man Sepp Bögle nach seiner Anschrift, dann kommt die Antwort: „Radolfzell, An der Mole, letzter Baum."

Wenn der Besucher im Sommer die Mole besucht, dann fallen sofort die seltsam übereinanderstehenden Steine auf. „Sind die vielleicht miteinander verklebt oder verschraubt?", fragt sich der staunende Besucher. Doch schon kommt ein kräftiger Windstoß und eine der Skulpturen fällt zusammen. Ein Mann mit grauem, langen Bart geht in die Knie, um die Steine wieder aufzustellen. Einen Moment dauert es, bis der oberste Stein wieder sein Gleichgewicht gefunden hat.

Sepp Bögle hat eine bewegte Lebensgeschichte hinter sich. Berufsausbildung, Heirat, Kinder, ein Haus bauen – eigentlich lief alles, wie man es von einer normalen Familie kennt. Als Handelsvertreter fuhr er im Anzug durch die Gegend, machte sogar einen Pilotenschein. Doch irgendwie überkam ihn mehr und mehr das Gefühl, dass sein Leben auf der Strecke geblieben war. Nach der Trennung von seiner Frau und dem Verkauf des Hauses zieht er mit seiner Tochter nach Radolfzell an den Bodensee. Als seine Tochter ihr Studium der Japanologie in München beginnt, ist er vollkommen frei. Er reduziert sein Hab und Gut auf einen Koffer und zieht in ein Hotel. Schon einige Jahre hatte er sich mit dem inneren Gleichgewicht beschäftigt. Passend dazu beginnt er sodann an der Mole Steine zu balancieren. Mit dem Abstreifen des alten Lebens hat er sein inneres Gleichgewicht gefunden und dies zeigt er den Besuchern mit seinen kuriosen Skulpturen, die nur aufgrund der Schwerkraft in ihrer Balance gehalten werden. Damit keine Unfälle passieren, baut er die Steinskulpturen jeden Abend ab.

Mit dem Verkauf von Fotos und seinem Buch finanziert er sich sein Leben. In den Sommermonaten lebt er am Bodensee, aber im Winter zieht es ihn nach Lanzarote. Wenn man ihn trifft, hat er auch immer wieder Zeit für ein Gespräch und gibt einem auf Wunsch auch einmal einen philosophischen Rat. Ein Blick auf die Skulpuren ist ein wahrer Glücksmoment – nicht nur für Sepp Bögle, sondern für jeden Besucher.

- Sepp Bögle, An der Mole, letzter Baum, 78315 Radolfzell
- ÖPNV: Ab Bahnhof Radolfzell ca. 5 Minuten Fußweg

Der liebe Augustin

58 *Das Lesecafé Augustin in Lindau*

Ja, dieser Ort hat schon etwas gemein mit dem Lieben Augustin – dem Spieluhrenmacher aus dem gleichnamigen Roman von Horst Wolfram Geissler. Eine gewisse Leichtigkeit des Lebens begegnet dem Besucher der Lindauer Insel nämlich, wenn er in der Nähe des Stadttheaters herumschlendert und an der Fischergasse 33 unweigerlich stehen bleibt. Gemütliche Korbsessel stehen vor dem Eingang, Bücher stapeln sich auf dem nebenstehenden Tisch. Schon alleine dieses gemütliche Ambiente macht neugierig. Und wo bekommt man noch einen Café Crème für 1,50 Euro?

Im Innern setzt sich der erste Eindruck fort: Neben den lauschigen Sitzecken ist fast jeder Winkel des Raums mit Büchern gefüllt– in Regalen oder gestapelt auf Tischen. Was ist das wohl? Ein Café? Eine Bücherei? Das Literatur- und Buchcafé Augustin ist beides, ein Lesecafé sozusagen. Erst langsam ergibt sich ein geordnetes Chaos. Die Sitzecken sind üppig dekoriert, aber farblich abgestimmt. Aus vielen Büchern schauen handgeschriebene Rezensionen heraus. Diese liebevollen Kleinigkeiten sind es, die das Literaturcafé so gemütlich und zum Glücksort machen. Hier läuft die Zeit spürbar langsamer – die beruhigende Atmosphäre wird auch durch die leise Hintergrundmusik und das freundliche, stressfreie Servicepersonal unterstrichen. Der Besucher fühlt sich sofort wie im gemütlichen Wohnzimmer, wo die Oma gleich den Kuchen bringt. Nur ist es hier nicht die Oma, sondern eine junge, freundliche Mitarbeiterin. Die Inhaberin Eva Altemöller ist auch Autorin des Buches „Club der Idealisten – über die Kunst an das Gute zu glauben". Das Eva Altemöller an das Gute glaubt, spürt der Besucher im Augustin überall.

Neben Kaffeespezialitäten, Tee und Lindauer Limonade werden selbstgebackene Kuchen, Quiches und belegte Seelen angeboten. Mit diesem Angebot lässt es sich gemütlich Platz nehmen und in Büchern schmökern – ein Paradies für Leseratten. Der Liebe Augustin würde sich hier sicher wohlfühlen, war doch seine liebste Beschäftigung träumend herumzuliegen.

- Lesecafé Augustin, Fischergasse 33, 88131 Lindau
- ÖPNV: Bus 1 und 2, Haltestelle Stadttheater

Einfach mal die Klappe halten

59 *Das Kloster Salem*

Wer kennt sie nicht, die Redensart „die Klappe halten", wenn man jemand darauf hinweisen möchte, dass er nun genug geredet hat. Sie geht auf die liturgischen Rituale katholischer Klostergottesdienste zurück, wo im Chorgestühl ein jeder Mönch seinen Platz hatte. Die Sitze sind als Klappsitze ausgelegt, Federn kannten die ersten Klappsitze nicht. Da der Gottesdienst ein mehrfaches Aufstehen und Hinsetzen vorsah, konnte es schon einmal passieren, dass die Klappe mit einem lauten Knall herunterfiel. Das wurde dann mit einem „Kannst du nicht die Klappe halten?" kommentiert. Solche und weitere Hintergründe erfährt der Besucher, wenn er an einer Führung im Kloster Salem teilnimmt.

Die Gründung des Klosters geht auf Freiherr und Ritter Guntram von Adelsreute zurück – in der Klostertradition wurde das Jahr 1134 als Gründungsjahr festgelegt. Rasch entwickelte sich Salem zum kulturellen Zentrum des Linzgaus. 2006 versuchte man, das Land Baden-Württemberg zum Erhalt des Schlosses Salem für eine Stiftung zu gewinnen und drohte dann mit dem Verkauf von Kunstschätzen. Nach den öffentlichen Protesten kaufte Baden-Württemberg das Schloss und den größten Teil der imposanten Anlage. Für den Besucher ein wahrer Glücksfall. Denn zum einen ist damit der Erhalt des Schlosses sichergestellt und zum anderen sind die Räume für die Besucher im Rahmen von Führungen zugänglich.

Während des Jahres gibt es verschiedene Sonderveranstaltungen wie die Kinder- und Familienführungen im Mönchsgewand. Hierbei erhalten die Teilnehmer einen Einblick in das klösterliche Leben zwischen Gebet und Askese. Besonders schön ist die Gartenanlage, in der sich Hobbygärtner Tipps und Inspirationen holen können. Die Zisterzienser, die das Kloster gründeten, waren ein enthaltsamer Orden. Verschiedene Grüntöne als Farbe des Wachsens und der Wiederauferstehung dominieren den Garten. Die verschiedenen Buchslabyrinthe sind ein Spaß für die ganze Familie. Besonders spannend ist der grüne Irrgarten. Wohin führt dieser Gang? Komme ich hier wieder heraus? Ich kann versichern: Zum Glück, ja!

- Kloster und Schloss Salem, 88682 Salem, www.salem.de
- Es stehen kostenlose Parkplätze zur Verfügung
- ÖPNV: Mit dem Erlebnisbus 1 ab Bahnhof Salem, Haltestelle Schloss Salem; fährt im Stundentakt (Anfang April bis Ende Oktober)

Rien ne vas plus

60 · *Das Spielcasino in Konstanz*

Gekonnt bringt der Croupier den Roulettekessel in Bewegung und spickt die Kugel hinein. Die Kugel dreht sich, beinahe endlos rotiert sie zuerst scheinbar gegen die Drehrichtung, um sich schließlich den Kräften anzupassen und mit dem Drehteller mitzugehen. Schnell werden die letzten Jetons gesetzt, bevor der Croupier das bekannte „Nichts geht mehr" murmelt. Auf welche Farbe oder welche Zahl haben Sie gesetzt? Die Geschwindigkeit verlangsamt sich bis die Kugel schließlich in einem der 37 Nummernfächer liegen bleibt. Mit emotionsloser Miene sammelt der Croupier die Jetons vom grünen Filz und verteilt als Türmchen die Gewinne an die Spieler. Jeder sucht das Glück auf seine Weise – manche im Casino. Seit 1951 rollt hier die Kugel. Neben Roulette werden noch Black Jack und Poker als klassische Spiele angeboten.

Das denkmalgeschützte Gebäude wurde einst der jüdischen Familie Rothschild enteignet – später aber offiziell an die Stadt Konstanz verkauft. Es ist eine großzügige, elegante Villa im Jugendstil und direkt am Seeufer gelegen. Wie es sich für ein gehobenes Casino gehört, gibt es einen Dresscode – im Bereich der Tischspiele wird elegante und gepflegte Kleidung gewünscht. Für den Herren Hemd und Sakko und für die Dame Kostüm, Hosenanzug oder Kleid.

Ein kleiner Tipp für die ambitionierten Spieler, den ich von einem Croupier mitgenommen habe: Stecken Sie Ihren Spielbetrag, den Sie bereit sind maximal einzusetzen, in die linke Tasche. Gewinne kommen in die rechte Tasche. Wenn die linke Tasche leer ist, setzen Sie sich gemütlich an die Bar und trinken noch etwas, bevor es nach Hause geht. Nach diesem System wird sicher jeder glücklich.

Denn wie schrieb schon Dostojewski in seinem autobiographischen Roman „Der Spieler": „Da kam ich auf den seltsamen, sinnlosen Gedanken, ich würde hier am Spieltisch sicher gewinnen. Woher ich das dachte, das begreife ich selbst nicht; aber ich glaubte es fest."

 Casino Konstanz, Seestraße 21, 78464 Konstanz
www.casino-konstanz.de
 ÖPNV: Bus 1, 2, 3, 5, 9, 12, 13/4, Haltestelle Sternenplatz, ca. 10 Minuten Fußweg

Die Zeit steht still

61 Die Hofanlage Milz bei Kressbronn

Glück, das ist manchmal ein einziger Haupttreffer oder eine Vielzahl von Puzzlesteinen, die zusammenkommen – so wie bei Theresia Milz. „I bin all do gsi – desch mi Hoimat", hat sie mal in einem Interview gesagt. Dass diese Tonaufzeichnungen von 1990 in voller Länge vorhanden sind, ist so ein kleiner Puzzlestein. Theresia Milz, geborene Höfle, wurde 93 Jahre alt. Von den Eltern übernahm sie den Bauernhof in Kressbronn-Retterschen, dessen Geschichte bis auf das 8. Jahrhundert zurückgeht. Erstmals erwähnt wurde der Besitz in einer Urkunde aus dem Jahr 799. Seit etwa 1690 war die Wasserburger Familie Huber dann Eigentümer der Hofanlage. Die letzte Angehörige dieser Familie, Theresia Milz, lebte bis 1992 hier. Nach ihrem Tod stand die Hofanlage, die aus vier Gebäuden besteht, leer und es war ungewiss, was damit passieren soll. Doch der damalige Bürgermeister konnte den Gemeinderat vom kulturellen Wert der Anlage überzeugen – ein weiterer Puzzlestein. Ein Verein zum Erhalt dieses Juwels der Ortsgeschichte wurde gegründet, was wieder ein Puzzlestein zum Glück war.

Der Verein zum Erhalt der Hofanlage Milz machte aus dem Anwesen kein typisches Museum. Es geht vielmehr um den Erhalt des Bestehenden. Es wurde weitgehend alles so belassen, wie man es vorgefunden hat. Da liegt noch die Geldbörse auf dem Buffet und die Schuhe stehen unter dem Bett. Eine Seniorengruppe pflegt den bäuerlichen Garten so, wie es zuletzt üblich war. Es ist, als hätte hier jemand 1992 die Uhr angehalten.

Von Anfang Juni bis Ende August gibt es jeden Dienstagabend und in den Sommermonaten an einigen Sonntagen Führungen über die großzügige Hofanlage, an der man auch die landwirtschaftliche Entwicklung am Bodensee besonders gut nachvollziehen kann; vom Getreide- und Weinanbau über Viehwirtschaft, Obst- und Hopfenanbau bis hin zum Tourismus Anfang des 20. Jahrhunderts mit den Gästezimmern ist alles erhalten.

Ich denke, Theresia Milz wäre glücklich, wenn sie sehen könnte, wie ihr Erbe bewahrt und weitergeben wird.

....

 Hofanlage Milz, Dorfstraße 56, 88079 Kressbronn
www.kressbronn.de
 ÖPNV: Ab Bahnhof Kressbronn ca. 20 Minuten Fußweg

Film ab – Film läuft

 Kammer, Tivoli und Cinegreth in Überlingen

Wer kennt sie nicht – die großen Kinohallen? Umgekehrt ist die Frage schon schwieriger: Wer kennt sie noch, die kleinen Programmkinos mit mit nur wenigen hundert Plätzen und einer heimeligen Wohnzimmer-Atmosphäre?

Thomas Lailach ist einer der letzten Programmkino-Betreiber am Bodensee. Seine Urgroßtante übernahm 1936 die Kinosäle Kammer und Tivoli in der Überlinger Altstadt und gab sie 1981 an die Familie weiter. Schnuckelig sind sie, die beiden Säle mit 150 und 300 Plätzen.

Filme lösen auch bei Thomas Lailach eine Faszination aus. Besonders mag er die französischen Komödien. „Diese haben eine Leichtigkeit, die den deutschen Filmen oft fehlt", sagt er. Cinema Paradiso und Blues Brothers gehören zu seinen Lieblingsfilmen. Auf Filmmessen und in den Datenbanken sucht er sich die Filme aus, die er in seinen Sälen spielen möchte.

Seit 1998 gibt es im altehrwürdigen Greth, direkt an der Uferpromenade, einen dritten und vierten Kinosaal. Das Gebäude aus dem 18. Jahrhundert wurde 1998 aufwändig saniert und im Dachgeschoss, das bis dahin Überlingens größter Taubenschlag war, entstanden zwei neue Kinosäle. Die Zeiten, in denen der Vorführer die 35 Millimeter-Spule einlegte, sind auch hier längst vorbei. Heute werden die Filme digital auf Festplatten geliefert.

Auch wenn alle vier Kinosäle mit modernster Digitaltechnik und Dolby Sound ausgestattet sind, ist es für das Programmkino heute ein schwerer Kampf. Online-Plattformen und Computerspiele sind inzwischen der größte Konkurrent des Kinos. Doch mal ehrlich: Kann das einsame Erlebnis auf dem heimischen Sofa mit dem gemeinsamen Lachen in stoffbezogenen Sesseln in einem Kinosaal mithalten? Und was wäre das Leben ohne die obligatorische Frage „Wer möchte noch ein Eis?".

Thomas Lailach freut sich jedenfalls immer wieder auf tolle Geschichten, große Emotionen und das Biegen vor Lachen, wenn er einen neuen Film in einem seiner Kinos zeigt – absolute Glücksorte am Bodensee.

▶ **Kino Überlingen, Franziskanerstraße 14, 88662 Überlingen**
www.kino-ueberlingen.de
▶ **ÖPNV: Ab Bahnhof Überlingen ca. 10 Minuten Fußweg**

Wo Herzen höher schlagen

63 *Das Wolford Outlet in Bregenz*

Schon gewusst, dass ein Schnäppchenkauf Glückshormone freisetzt? Vielleicht hilft ein Besuch des Factory-Outlett von Wolford dem Glück etwas auf die Sprünge … Neben feinen Strumpfwaren, dem Hauptprodukt von Wolford, findet frau hier schöne Wäsche und Damenmode.

Von Oberschwaben bis St. Gallen reichte einst der gute Ruf der Textilindustrie. Der Schneider, der gute Stoffe oder feine Spitze suchte, war in dieser Region unterwegs. Und ebenso die Kunden schätzten Marken wie Schiesser und Kunert, die hier ihren Ursprung haben. Die Textilindustrie in Vorarlberg kann mehr als 150 Jahre Tradition und Geschichte vorweisen. 22.000 Textilarbeiter beschäftigen sich im Bundesland Vorarlberg mit der Verarbeitung von Wolle, Seide, Kunstseide und Kunstwolle. Das Textildruckmuseum in Mittelweiherburg bei Hard hält diese Geschichte fest.

„Im Zentrum aller Kreationen steht die weibliche Silhouette" – Das ist ein Teil der Firmenphilosophie von Wolford. 1950 gründeten der Industrielle Reinhard Wolf und der Einzelhandelsunternehmer Walter Palmer die Wolf & Co. KG in Bregenz. Ein Unternehmen zur Erzeugung kunst- und reinseidender Damenstrümpfe. Mit gebrauchten Maschinen aus Amerika, die speziell für diese Anforderung umgebaut wurden, verarbeiten sie erstmals die Polyamid-Faser zu Strümpfen. Ein kluger Schachzug war die Neuausrichtung im Jahr 1988 auf das Luxussegment. Zudem arbeitet Wolford immer wieder mit namhaften Designern zusammen wie Karl Lagerfeld, Emilio Pucci, Zac Posen, Kenzo, Valentino und zuletzt mit Marina Hoermanseder. Sage und schreibe über 430.000 Kilometer meist eigener Garnkompositionen werden jeden Tag verarbeitet. Neben dem Outlet für die Glückshormone gibt es auf dem Gelände in Bregenz auch eine Boutique mit der aktuellen Kollektion und ein nettes Café für den gemütlichen Abschluss.

Die Stücke werden weniger für die Otto-Normal-Verbraucherin geschneidert. Wolford ist vielmehr Wäsche für den besonderen Moment, für einen schönen Abend mit offenem Ausgang.

● **Wolford Outlet Bregenz, Wolfordstraße 2, A-6900 Bregenz**
www.wolford.com
● **ÖPNV: S1 oder S3, Haltestelle Bregenz-Riedenburg, ca. 10 Minuten Fußweg**

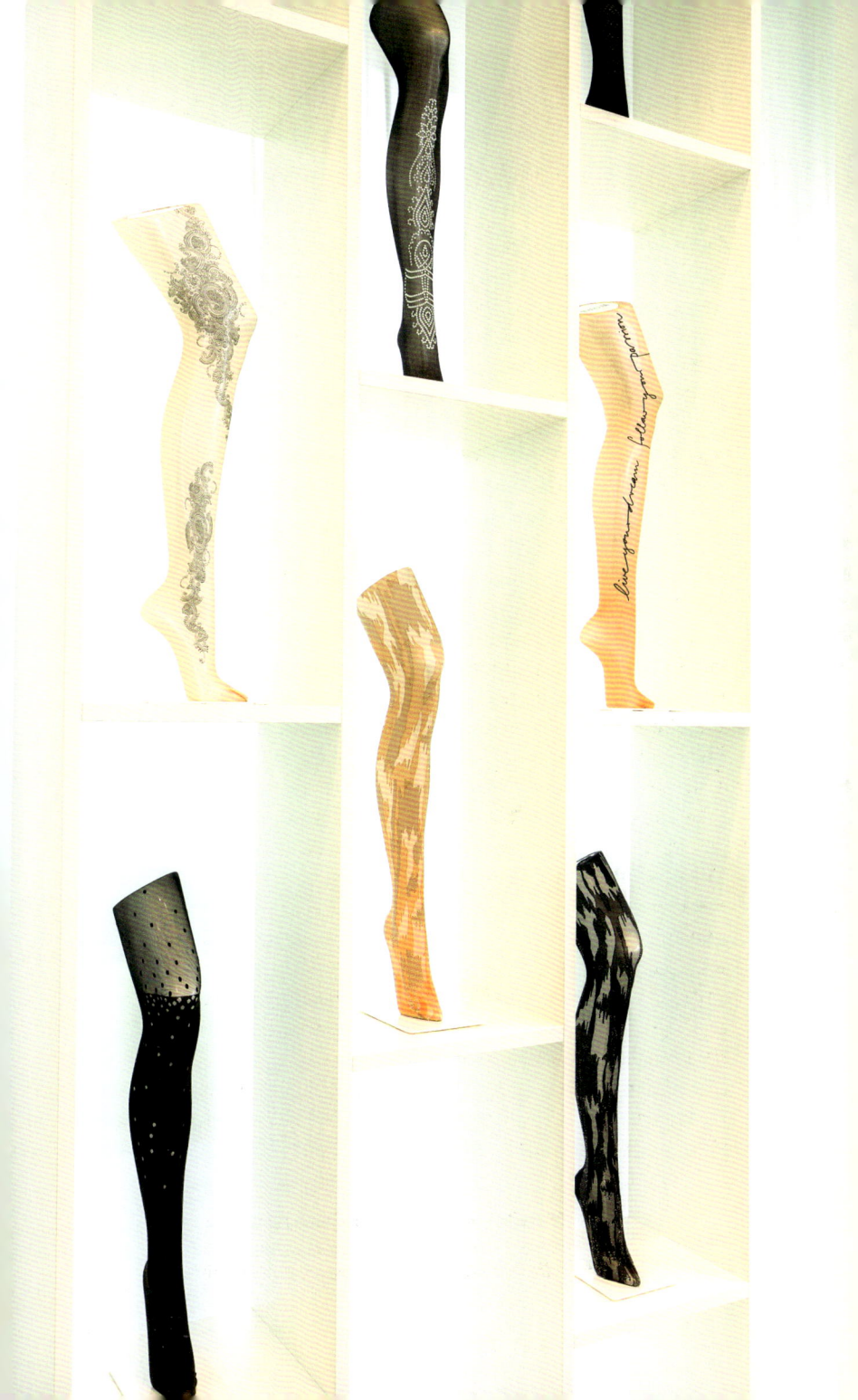

No e wili

 Die Fassadenmalereien von Stein am Rhein

Österreicher, die Freiherren von Klingen, Konstanz, die Züricher – das Mittelalter war am westlichen Bodensee, im heutigen Grenzgebiet zwischen Deutschland und der Schweiz, ein wildes Hin und Her. Besonders begehrt war das Städtchen Stein am Rhein. Gibt es dort doch seit der Römerzeit eine der wenigen Brücken über den Rhein. Eine Brücke, die die Schweizer immer wieder als Einfallstor in den Hegau nutzten.

Eine wichtige Rolle dabei spielte der Bürger Hans Laitzer. Er hatte sein ganzes Vermögen für den Freikauf eingesetzt und wurde darauf zum Schultes gewählt. Allerdings verhandelte er immer wieder mit den Habsburgern. Die Steiner Bürger sahen sich von Laitzer verraten und machten ihm darauf den Prozess. An dieser Stelle endet die belegte Geschichte und beginnt die Sage, die Grundlage für ein Laienschauspiel ist. „No e wili" (noch eine Weile), soll die Losung gewesen sein, die zur erfolgreichen Abwehr des Angriffs der Hegauer führte. 1924 wurde das Laienstück zum ersten Mal auf die Bühne gebracht. Wegen des hohen Aufwands wird es nur etwa alle sechs bis sieben Jahre aufgeführt.

Aber auch wenn das Laienstück gerade nicht aufgeführt wird, sollte man sich einen Besuch des mittelalterlichen Städtchens Stein am Rhein nicht entgehen lassen. Denn es bietet die schmuckste Altstadt am ganzen Bodensee. Wer diese durch das Untere Tor betritt, ist erst einmal überwältigt von der Vielzahl der Fresken. Viele der Fassadenmalereien wurden erst im 19. und 20. Jahrhundert angebracht, die ältesten gehen jedoch auf das 16. Jahrhundert zurück. Viele der Malereien erzählen von Macht und Reichtum im Mittelalter. Besonders imposant ist das Haus Schwarzes Horn, das in seinen Fresken den Einzug des Freiherrn von Schwarzenhorn in Stein am Rhein zeigt. Die Verzierungen am Haus Weisser Adler stammen aus den Jahren 1502/1525 und gelten damit als die frühesten Fassadenmalereien der Schweiz.

Den Abschluss des kleinen Rundgangs durch die Stadtgeschichte sollte der Besucher am Ufer des Rheins machen. Ja, hier endet der Bodensee – genau an der Brücke über den Rhein.

○ CH-8260 Stein am Rhein, www.steinamrhein.ch
○ ÖPNV: S8, S29, Bus 33, 825, Haltestelle Stein am Rhein Bahnhof, ca. 10 Minuten Fußweg in die Altstadt

Ein königliches Schiff

65 *Der historische Raddampfer Hohentwiel*

Es ist schon ein mondänes Gefühl, auf dem Salondeck unter dem weißen Sonnensegel auf dem edlen Teakholz zu sitzen. Der Blick geht zurück zu den winkenden Touristen an der Hafenmauer, die sich über diesen Anblick freuen. Der glückliche Fahrgast auf der Hohentwiel fühlt sich sogleich in die Belle Époque zurückversetzt.

Ein tiefes, sattes anhaltendes Hupen tönt über den See. Keines, wie man es von den üblichen Verkehrsschiffen auf dem Bodensee kennt. Die dunkle Rauchfahne kündigt etwas Großes an – es ist das einzigartige Dreiklanghorn des Schaufelraddampfers Hohentwiel. Er ist so alt wie die Titanic und zugleich das älteste, immer noch verkehrende Passagierschiff auf dem Bodensee. Die hölzernen Schaufelräder zu beiden Seiten bringen das stolze Schiff schnell in den Hafen.

Beim Betreten des Schiffes passiert der Fahrgast das Entrée. Eine Glasplatte im Boden gibt den Blick auf die Kolben frei, die von der 950 PS starken Maschine in Bewegung gebracht werden. Als letztes Dampfschiff der königlich württembergischen Staatsbahnen lief die Hohentwiel 1913 vom Stapel. König Wilhelm II. nutzte sie selbst auch als persönliches Ausflugsschiff, weshalb sie besonders luxuriös mit edlen Hölzern, Beschlägen aus Messing und einem Salon ausgestattet wurde.

Nur durch glücklichen Zufall überstand die Hohentwiel den Bombenhagel auf Friedrichshafen im März 1944. Sie lag gerade in Konstanz und konnte gerade noch am Auslaufen gehindert werden. 1962 wurde sie schließlich ausgemustert und im Hafen des Bregenzer Segelclubs festgemacht. Dort diente das Schiff lange Zeit als Restaurant und Clubheim. Nach weiteren 20 Jahren war die Hohentwiel inzwischen ziemlich marode – eine mögliche Verschrottung stand im Raum. Doch der Verein *Internationales Bodensee-Schifffahrtsmuseum e.V.* erwarb die Hohentwiel und dank zahlreicher Spenden und dem Einsatz vieler Helfer konnte das Schiff restauriert und in den Zustand von 1913 versetzt werden. 1990 lief sie dann zum zweiten Mal generalüberholt vom Stapel und dreht seither ihre Runden über den Bodensee.

Hohentwiel Schifffahrtsgesellschaft mbH, Hafenstraße 15, A-6971 Hard
www.hohentwiel.com

Auf Sand gebaut

66 *Das Sandskulpturenfestival in Rorschach*

Wer kennt das nicht als Kind – der Sommerurlaub am Meer, langer Sandstrand und dann das Sandspielzeug. Mit Papas Unterstützung, dessen Ambitionen größer als die eigenen waren, wurde an der größten und schönsten Sandburg gebaut. Doch schon am nächsten Urlaubstag wurde das Werk des Vortags durch eine große Welle zerstört.

Schon die alten Ägypter bauten Sandskulpturen, zur Berechnung von Winkeln und Kanten der Pyramiden – was weitaus günstiger ist, als eine Fehlplanung. Der Amerikaner Gerry Kirk revolutionierte in den 80er-Jahren die Technik des Sandverdichtens, indem er Sand mit Wasser vermischte und in hölzernen Formen verdichtete. Die so entstehenden Sandblöcke sind weitaus stabiler und langlebiger. Bis zu 10 Meter hoch können solche Sandtürme gebaut werden. Mit Kelle, Löffel und Schnitzwerkzeug werden die Figuren Stück für Stück herausgearbeitet.

Sandskulpturen-Festivals entstanden, ausgehend von den USA, vor allem in Orten am Meer: Niederlande, Belgien, Ostsee und Japan. Aber warum nicht auch am Bodensee, dachten sich die Macher des Sandskulpturen-Festivals in Rorschach. Wasser gibt es genug. Strände hat es auch einige. Der Sand lässt sich anliefern. Am besten geeignet ist der spitzkörnige Flusssand, nicht die runden Sandkörner, wie wir sie vom Badeurlaub in Italien kennen. Zehn Teams arbeiten ab Mitte August an der Seepromenade in Rorschach an ihren Skulpturen. Dazu wird jedes Jahr ein neues Thema vorgegeben. Bereits seit 20 Jahren wird das Sandskulpturen-Festival in Rorschach durchgeführt und ist damit eine tolle Bereicherung des Kulturangebots am Bodensee. Und für die Kinder (und natürlich die Papas) gibt es einen eigenen Sandhaufen, in dem man nach Herzenslust bauen darf – natürlich mit dem gleichen Sand, wie er den Künstlern zur Verfügung steht.

Sprachlos sitze ich manchmal am späten Nachmittag am Ufer. Dann gibt es den Schnell-Wettbewerb, bei dem es darum geht, in sehr kurzer Zeit (15 Minuten) ein Thema umzusetzen. Sehr beeindruckend, was diese Künstler in so kurzer Zeit schaffen.

○ Sandskulpturen Festival Rorschach, CH-9401 Rorschach
www.sandskulpturen.ch
○ ÖPNV: Ab Bahnhof Rorschach wenige Minuten Fußweg

Alte Kost neu entdeckt

67 *Die Dietrich-Kostbarkeiten in Lauterach*

Richard Dietrich ist gerne Xiberger – seinen Riebelmais-Whisky taufte er auf den Namen Xi.3. Xiberger oder Gsiberger, so werden die Vorarlberger teilweise spöttisch von den Ostösterreichern genannt. Die Bezeichnung rührt von der Verwendung des Wortes gsi (gewesen) her. Für die übrigen Österreicher ist der Vorarlberger Dialekt schwer verständlich, da es sich um den einzigen alemannischen Dialekt im sonst bairischen Sprachraum handelt.

Dietrich hat es sich zur Aufgabe gemacht, den Riebelmais zu erhalten. Als Kulturpflanze kam er durch Christoph Columbus aus Südamerika nach Europa. Über Spanien, Italien und die Alpen fand er seinen Weg ins Rheintal. Riebelmais ist ein Weißmais. Heute kennen wir vor allem Mais mit gelber und oranger Farbe, der als Futter verwendet wird. Bis Anfang des 20. Jahrhunderts war das Riebelfrühstück eine weitverbreitete Morgenspeise in Vorarlberg und wurde in den 60er- und 70er-Jahren durch Brot und Müsli abgelöst. Riebel ist der gemahlene Mais, der am Tag zuvor mit Milch und etwas Salz zu einem Brei verarbeitet wird. Mit etwas Schmalz wird er in der Pfanne angebraten und immer wieder zerkleinert, bis er eine leicht braune Kruste hat. Der Riebel wird dann mit etwas Süßem wie Apfelmus oder dem süßlich-bitteren Holundermus serviert, den es natürlich auch bei Dietrich gibt.

Richard Dietrich kann auf eine über 180-jährige landwirtschaftliche Familiengeschichte zurückblicken. Seit Beginn an werden im Betrieb alte Rohstoffe verarbeitet, neu kombiniert und dabei vor allem regionale Produkte aus Voralberg verwendet. Dafür entwickelt Dietrich immer wieder neue leckere Kreationen. Neben dem Vorarlberger Riebelmais für Gerichte wie Hafaloab oder Polenta finden sich im charmanten Hofladen knusprige Tortilla Chips und Kekse aus Riebelmais sowie natürlich der Xi. 3. Aber auch andere Köstlichkeiten wie Liköre, Säfte und Essige aus eigener Herstellung können bei Richard Dietrich probiert und mit nach Hause genommen werden – eine einzige Entdeckungsreise für den Gaumen.

Richard Dietrich KG, Lerchenauerstraße 45, A-6923 Lauterach
www.dietrich-kostbarkeiten.at
ÖPNV: S1, Haltestelle Lauterach Bahnhof, wenige Minuten Fußweg

Glück auf den zweiten Blick

68 *Das Naturfreundehaus Bodensee in Radolfzell*

Manche Menschen sind glücklich, wenn sie eine superschnelle Internetverbindung haben und zwischen 520 Fernsehkanälen wählen können. Am besten dazu noch die privaten, damit man die Fußball-Bundesliga live erleben kann. Hier im Naturfreundehaus Bodensee wird Glück anders definiert. Es gibt keinen Fernseher – stattdessen gibt es als Live-Übertragung farbenfrohe Sonnenuntergänge im Markelfinger Winkel, die von der herrlichen Terrasse zu sehen sind. Statt Klimaanlage gibt es als Erfrischung den abkühlenden Bodensee direkt vor dem Haus. Als Ersatz für die Computerspiele gibt es echte Aktivitäten – ein Tischtennismatch, Volleyball auf dem Sandplatz, Stand-up-Paddeling auf dem Untersee.

Der Untersee bildet Richtung Radolfzell noch einmal einen kleinen Zipfel. Dieser Teil des Bodensees ist maximal 15 Meter tief. Daher bildet sich hier im Winter am ehesten eine Eisfläche für die Schlittschuhläufer und Richtung Sommer wärmt sich das Wasser am schnellsten auf. In den 70er-Jahren war das ein Problem. Durch Phosphate und Abwässer bildeten sich viele Algen und der See drohte umzukippen. Durch den Ausbau von Kläranlagen und Vorschriften wurde dann aus dem Bodensee einer der größten Trinkwasserspeicher. Manchem Fischer ist das Wasser jetzt „zu sauber", denn nur noch wenige Fische schwimmen hier drin.

Das Naturfreundehaus Bodensee liegt zwischen Markelfingen und Allensbach direkt am Bodenseeufer und ist der ideale Ort, um einfach mal abzuschalten. Der Platz ist ebenso ein idealer Ausgangspunkt für Fahrradtouren oder eine Schiffsfahrt auf die Insel Reichenau. Das Haus hat 15 Zimmer – alle mit Balkon und Seeblick. Aber auch wer hier nicht übernachtet, ist abends auf der Sonnenterrasse willkommen. Wer noch mehr Natur sucht, hat es nicht weit zum Naturschutzgebiet auf der Halbinsel Mettnau.

Für nicht jeden Interessenskonflikt gibt es eine Lösung – höchstens einen Kompromiss. Doch die Besucher des Naturfreundehauses werden für das Thema Nachhaltigkeit sensibilisiert, was durchaus eine glückliche Erfahrung sein kann. P.S. Natürlich gibt es hier auch WLAN …

▶ **Naturfreundehaus Bodensee, Radolfzeller Straße 1, 78315 Radolfzell**
www.naturfreundehaus-bodensee.de
▶ **ÖPNV: Ab Bahnhof Radolfzell Bus 7354, Haltestelle Naturfreundehaus**
oder ab Bahnhof Markelfingen ca. 15 Minuten Fußweg

Von Dagobert – nicht Duck

69 *Die alte Burg Meersburg*

„So hab aus allem ich gezogen,/das treue Fazit mir zuletzt,
daß dem das Glück zumeist gewogen,/der es am mindesten gehetzt."

Diese poetischen Zeilen zum Glück stammen aus der Feder der deutschen Dichterin Annette von Droste-Hülshoff. Sie verbrachte ihre letzten Tage auf der Burg Meersburg, die wie kaum eine andere Burg so schön über einer historischen Altstadt liegt. Gerne wird sie als die älteste, ständig bewohnte Burg Deutschlands bezeichnet. Wann sie ursprünglich gebaut wurde, ist nicht belegt. Die Anwesenheit König Dagobert I. um 628 ist jedenfalls nachgewiesen. Belegt ist auch, dass die Burg ab 1268 den Fürstbischöfen von Konstanz gehörte. Aber die Reformation machte auch vor Konstanz nicht halt. Am 6. Mai 1527 wurde in der Stadt den letzten römisch-katholischen Predigern ihre Tätigkeit verboten. Der damalige Bischof, Hugo von Hohenlandenburg, floh nach Meersburg. Einige Jahre später wurde Konstanz zwar rekatholisiert, doch die Bischofsresidenz blieb bis zum Ende des Bistums in Meersburg. Unter Fürstbischof Johann Schenk von Stauffenberg fanden im 18. Jahrhundert die letzten größeren Baumaßnahmen an der Burg statt, und er ließ 1719 ein neues Schloss bauen. Nach dessen Fertigstellung verwahrloste die leerstehende, alte Burg. Die Großherzoglich badische Domänenverwaltung bot sie schließlich zum Verkauf an und Freiherr von Laßberg, der mit Maria Anna von Droste-Hülshoff, der Schwester von Annette von Droste-Hülshoff, verheiratet war, wurde der neue Eigentümer.
Besonders schön an der Besichtigung ist, dass man nicht zwingend an einer Führung teilnehmen muss. Der Besucher kann auch auf eigene Faust, in eigener Geschwindigkeit, die öffentlich zugänglichen Räume besichtigen. In den Sommermonaten mag der Besucher noch die angenehme, frische Temperatur wahrnehmen. Doch in den Wintermonaten wird einem klar, weshalb Fürstbischof Johann Schenk einen Neubau für seine Residenz bevorzugte. Denn dann zieht die eisige Luft durch die Räume, wo man sich doch nach ein wenig Wärme sehnt.

○ Burg Meersburg, Schloßplatz 10, 88709 Meersburg, www.burg-meersburg.de
○ Parkplätze stehen rund um die Burg zur Verfügung
○ ÖPNV: Erlebnisbus 2 ab Unteruhldingen, Hafen, Haltestelle Meersburg, Fürstenhäusle;
fährt im Stundentakt (Anfang April bis Ende Oktober)

Der über das Wasser läuft

 Stand-Up-Paddling

Ha ha, der hat wohl sein Segel vergessen ... Das wird wohl der erste Gedanke derer sein, die Stand-Up-Paddling, kurz SUP, nicht kennen und diese Wassersportler auf ihrem Surfbrett mit Paddel auf dem Bodensee sehen. Nein, sie haben das Segel nicht vergessen. SUP ist inzwischen eine eigenständige Wassersportart.

Schon viel früher bewegten sich polynesische Fischer stehend vor Tahiti in ihren Kanus auf diese Weise fort. Die heutige Form entstand auf Hawaii, wo die Surflehrer auf dem Brett standen, um ihre Schüler besser beobachten zu können. Erst in den letzten zehn Jahren verbreitete sich das Stand-Up-Paddling so richtig auch auf den Binnenseen in Europa. Anfang wurden normale Surfbretter verwendet. Inzwischen gibt es spezielle Bretter für diese Wassersportart – auch solche, die für Anfänger geeignet sind. Es geht um sportliche Betätigung, aber auch um Entspannung. Die Paddler sieht man, besonders wegen der Ruhe, die der See um diese Zeit ausstrahlt, vor allem früh morgens.

Klar, dass ich das auch mal ausprobieren musste. Als alter Bergsteiger habe ich ja einen geschulten Gleichgewichtssinn. Trotzdem, Wasser ist ein anderes Element. Und so stehe ich zuerst auch etwas wackelig auf dem Brett. Es gilt zuerst die Mitte und damit das optimale Gleichgewicht zu finden. Nicht gut sind übermäßige, schnelle Bewegungen – ruhige, gleichmäßige sind angesagt, sonst landet man schnell im Wasser. Langsam finde ich den Einklang zwischen Paddel setzen und dem Verhalten des Körpers. Wenn dies einmal geschafft ist, ist es ein Glücksgefühl, so über das Wasser zu gleiten.

Am Bodensee gibt es inzwischen verschiedene Stellen, wo man das Stand-Up-Paddling ausprobieren kann. Besonders geeignet sind der Überlinger See und der Untersee, da es hier weniger Schiffsverkehr und Wellen gibt. Für das SUP muss man nicht besonders sportlich sein. Einzige Voraussetzung: Wer bereit dazu ist, muss schwimmen können. Besonders gut lässt es sich mit einem Besuch im Strandbad in Bodman verbinden.

TIPP Natürlich werden im Strandbad Bodman auch Kurse angeboten, und nicht nur für die, die ambitioniert in diese Welt einsteigen möchten.

Strandbad Bodman, In Neustückern 4, 78351 Bodman-Ludwigshafen
www.strandbad-bodman.de
PNV: Bus 7369, Haltestelle Bodman Kapelle, wenige Minuten Fußweg

Kraftort im Thurgau

71 *Die Kartause Ittingen*

Kraftorte – das sind Orte, von denen eine besondere, positive Energie ausgeht. Solche Orte werden gerne zur Ruhe und zur Entspannung aufgesucht. Die Kartause Ittingen ist ein solcher Kraftort. Vielleicht liegt es an den Kartäusern, die in diesem Kloster mehrere Jahrhunderte wirkten.

Das erste Kloster in Ittingen gründeten um das Jahr 1150, gefördert durch den Bischof von Konstanz, Augustiner Mönche. Unter Kaiser Friedrich III. wurde das Kloster saniert und die Übergabe an die Kartäuser vorbereitet. Vor allem mit dem Weinanbau und –verkauf erwirtschafteten die Kartäuser große Einnahmen, die eine ständige Erweiterung der Anlage ermöglichten. 1848 wurde die Auflösung durch den großen Thurgauer Rat beschlossen und die Mönche mussten das Kloster verlassen. Lange Zeit war die Anlage dann Eigentum der Bankiersfamilie Fehr, bis sie sie an eine dafür gegründete Stiftung verkauften. Für den Besucher ist es heute ein Glücksfall, dass in dieser Zeit wenig verändert und vieles erhalten wurde. So wie das geschnitzte Chorgestühl in der Kirche. Staunend schaut der Betrachter zu diesem imposanten Meisterwerk hinauf. Die Stiftung bewirtschaftet heute die Anlage mit Barockgarten, in dem etwa 250 prächtige Rosensorten blühen. Ein Teil des Klosters wurde als Museum erhalten, in dem der Besucher einen Einblick in das strenge Ordensleben der Kartäuser erhält. Im Keller, wo früher die zahlreichen Weinfässer lagerten, hat ein Kunstmuseum Platz gefunden. Neben den Weingärten, auf denen Müller-Thurgau und Blauburgunder angebaut werden, gibt es einen Hopfenanbau, der das leckere Ittinger Amberbier hervorbringt. Überhaupt wird versucht, so viel wie möglich lokal anzubauen. So steht, je nach Jahreszeit, ein „Null-Kilometer-Menü" auf der Speisekarte. Alle Zutaten für das Menü kommen direkt von hier.

Über das Jahr verteilt gibt es etwa 150 verschiedene kulturelle und spirituelle Veranstaltungen an der Kartause Ittingen – ein ganz besonderer Ort der Entschleunigung und ideal zum Kraft tanken.

● Kartause Ittingen, CH-8532 Warth, www.kartause.ch
● ÖPNV: Bus 819, Haltestelle Kartause Ittingen

Und hinten noch ein Kringel

 ## Unterwegs mit der Wutachtalbahn

Na, was wurde eben fertig gemalt? Klar, ein Schwein mit dem Ringelschwanz am Schluss. Sauschwänzlebahn, das ist im Volksmund die Bezeichnung der Wutachtalbahn, abgeleitet von den Kehrtunneln, die diese Bahnstrecke ausmachen.

Beim Bau der badischen Hauptbahn von Mannheim bis Konstanz, Mitte des 19. Jahrhunderts, hatte man sich an dem Lauf des Rheins orientiert. Dies hatte zur Folge, dass die Strecke zweimal durch Schweizer Gebiet verlief. Durch einen Staatsvertrag war die militärische Nutzung der Strecke explizit ausgeschlossen worden. Aus diesem Grund entstand 1890 die strategisch wichtige Wutachtalbahn, um bei einem möglichen weiteren Krieg gegen Frankreich Truppen und Geräte schnell von A nach B befördern zu können. Der Betrieb wurde bald nach dem Zweiten Weltkrieg eingestellt und nur durch die strategische Bedeutung der Bahn wurde ihre Renovierung und Erhaltung sichergestellt. Nicht umsonst wurde die Bahn 2014 als „Historisches Wahrzeichen der Ingenieurbaukunst in Deutschland" ausgezeichnet. Und bei jedem Freund der Eisenbahn werden sich bei ihrem Anblick schnell Glückshormone entwickeln.

TIPP *Nach einer Fahrt mit der Sauschwänzlebahn empfiehlt sich eine eine Wanderung durch die beeindruckende Wutachschlucht.*

Schnaubend steht die Dampflock heute am Bahnhof Blumberg-Zollhaus. Ein wenig wirkt die Museumsbahnstrecke der Sauschwänzlebahn zwischen Blumberg und Weizen wie Lummerland. Und ganz sicher hat der Lokomotivführer den Namen Lukas. Die Lock pfeift und kündigt damit die Abfahrt an. Stampfend setzt sie sich langsam in Bewegung und bringt die historischen Waggons ins Rollen. Wie im Kinderbuch schlängelt sich die Strecke im Bimmelbahntempo durch Kehrtunnel, über eiserne Brücken, vorbei an wildromantischen Dörfern und historischen Viadukten. Als Gast fühlt man sich wie in eine andere Zeit versetzt, wenn man so gemütlich durch das Wutachtal fährt.

Neben dem regelmäßigen Fahrbetrieb bietet die Bahn abwechslungsreiche Events an – von einer Märchenfahrt bis zum Whisky-Tasting in der Bahn. Ein Vorzug, den Lukas in Lummerland wohl nicht hatte.

▶ **Sauschwänzlebahn, Bahnhof Zollhaus, Bahnhofstraße 1, 78176 Blumberg**
www.sauschwaenzlebahn.de
▶ **ÖPNV: Bus 7277, 7338, Haltestelle Zollhaus Bahnhof**

Neue Tracht für Lampen

73 *Strolz Leuchten in Bregenz*

Während ich im Ladengeschäft von Anna Claudia Strolz sitze, betreten zwei Männer das Geschäft. Der eine, etwas ältere, hält den Fuß einer Stehlampe in der Hand. Der andere, etwas jünger, den wohl dazugehörigen Schirm. So wie der Schirm aussieht, hat er schon einiges erlebt. Die Nähte sind aufgegangen und Flecken zieren den Stoff. Vielleicht könnte man den Schirm noch reparieren, aber richtig glücklich machen würde er die Besitzer wohl nicht mehr. Gut, dass es Anna Claudia Strolz gibt. Schnell ist ein passender, moderner Schirm aus ihrer Leuchten-Kollektion für den Lampenfuß gefunden.

Als Tochter eines Elektrikers kam Strolz mit Strom und Licht schon in ihrer Kindheit in Berührung. Handwerk faszinierte sie schon immer. Daher war es bald ihr Wunsch, selbst etwas zu erschaffen. Dann sah sie diesen Plisseestoff an einem Trachtenkleid, der ihr so gut gefiel. Damit müsste sich doch auch etwas anderes machen lassen ... Anna Claudia Strolz entwicklete die Idee, moderne Lampen mit traditioneller Technik herzustellen. Der Stoff wird nicht einfach umgeklappt und geklebt, sondern um den oberen Rahmen eingerollt. Strolz experimentiert immer wieder mit neuen Stoffen, Holz und anderen Materialien. Das ist echtes Handwerk und macht schon beim Zuschauen glücklich. Nachhaltigkeit, alten Dingen neues Leben einzuhauchen, das ist es, was der Inhaberin der Manufaktur wichtig ist. Was dabei entsteht, sind Kunstwerke. Nichts für den Moment, sondern Lampenschirme fürs Leben, die weitergegeben werden möchten. Als Designerin arbeitet sie dabei immer wieder mit anderen Künstlern zusammen oder greift bestehende Trends auf. Wie bei der Edition Leopold Fetz by Strolz. Inspiriert von einer Retrospektive des Künstlers wählte Strolz drei Holzdruckstöcke aus dem Nachlass aus. Das Textildruckmuseum bedruckte damit ausgewählte Stoffe, welche zu einer limitierten Edition wurden. Echte Schmuckstücke kamen dabei heraus. Und sollte der Lampenschirm tatsächlich nach vielen Jahren nicht mehr gefallen – kein Problem, einfach in den Laden gehen und einen neuen wählen, ohne alles wegzuwerfen.

Strolz Leuchten, Römerstraße 7, A-6900 Bregenz, www.strolzleuchten.at
ÖPNV: Ab Bahnhof Bregenz ca. 10 Minuten Fußweg

Wasserturm mit Kaffee

74 *Im esszimmer in Konstanz*

Was macht man mit einem Wasserturm, den keiner mehr braucht? Ein Glück, dass er nicht abgerissen wurde – denn auch aus schwierigen Gebäuden lässt sich etwas Schönes machen.
Einst stand auf dem Gelände Stromeyerdorf eine große Zeltmanufaktur. Stromeyer war weit über die Grenzen bekannt. Auf dem Gelände am Seerhein wurden wasserdichte Stoffe produziert und gefärbt. 1910 kam es zu einem großen Brand, bei dem Teile der Fabrik zerstört wurden. Im Zuge dessen wurde der renommierte Industriearchitekt Philipp Jakob Manz beauftragt, den Wasserturm mit Pumpenhaus zu konzipieren. Es entstand ein 34 Meter hoher, im Jugendstil erbauter Turm, der als Brauch- und Löschwasserspeicher diente. 1996 wurde er für den symbolischen Preis von 1 Mark an eine Privatperson vergeben, doch der geplante Umbau wurde vom Denkmalamt abgelehnt. 2010 wurde dann aber mit einem neuen Planer und neuem Konzept das unmittelbar am Seerhein liegende Gebäude denkmalgerecht saniert und vereint heute Gastronomie, Kultur und Büros unter einem Dach. Im feinen Ambiente im Erdgeschoss des Turms können begabte Talente ihre Werke ausstellen.
Das ganz Besondere auf diesem Gelände findet sich aber im ehemaligen Pumpenhäusle direkt neben dem Wasserturm – das esszimmer. Ein Lokal, das an Winzigkeit kaum zu unterbieten ist. Aber die Kellnerinnen sind immer bemüht, noch ein Plätzchen für jeden Gast zu finden. Die mit Ziegel und Holz verkleideten Wände, große Fenster und eine teils offene Küche strahlen urige Gemütlichkeit aus. Hier werden dienstags bis freitags leckere Mittagsmenüs sowie Kaffee und Kuchen serviert. Sonntags gibt es hier ein Faulenzer-Frühstück bis 18 Uhr sowie eine ausgewählte Speisekarte für kleine Gerichte, natürlich aus frischen Produkten zubereitet. Bei schönem Wetter sollte man die Wiese vor dem Lokal nutzen, sich eine Kleinigkeit schmecken lassen und im Schatten der Kirschbäume den historischen Wasserturm bestaunen. Abends und am Wochenende öffnet das esszimmer auch für private Veranstaltungen. Eine gelungene Neuinterpretation dieses historischen Gebäudes.

⊙ esszimmer, Turmstraße 32, 78467 Konstanz
www.esszimmer-konstanz.de
⊙ ÖPNV: Bus 6, 15, Haltestelle Line-Eid-Straße, Konstanz

Man soll nicht alles glauben

75 *Das Kavalierhaus Langenargen*

Da hatte sich König Wilhelm I. in seiner Planung wohl etwas vertan, als er das Schloss Montfort unter dem Namen Villa Argena plante. Für ihn selbst, seine Verwandtschaft und seine Gäste sollte es wohl reichen – nur für das gesamte Personal war nicht genügend Platz.

Also vergab er den Auftrag, noch ein weiteres Gebäude am Rande des Schlossparks zu errichten. Ein Glück für die Bediensteten. Verantwortlich für die Umsetzung war der Ravensburger Oberamtsbaurat Gottlieb Pfeilsticker, der schon das Schloss geplant hatte. Pfeilsticker liebte wohl die Symmetrie, wie man am Kavalierhaus sieht. So gibt es zur Landseite ein Toilettenfenster, welches überhaupt kein Toilettenfenster ist – es ist nur ein zugemauerter Rahmen. Aber es musste sein – wegen der Symmetrie. Den Namen Kavalierhaus trägt es, da das Haus für den Schlossverwalter, die Schlossköchin und für den „Cavalier Ihrer Majestät, der Königin Mutter und den Cavalier Seiner Königlichen Hoheit, des Prinzen Friedrich" geplant wurde.

Heute befindet sich im Erdgeschoss ein Café-Restaurant, im Dachgeschoss ein Veranstaltungssaal und im ersten Stock eine Atelierwohnung für einen Stipendiaten. Um der Verbundenheit zu Kunst und Künstlern Ausdruck zu geben, schreibt die Gemeinde seit 1997 jährlich ein Stipendium für diese Wohnung im Kavalierhaus aus. Drei Monate darf der Künstler oder die Künstlerin hier leben. Dafür gibt es in der letzten Aufenthaltswoche ein offenes Atelier, um die Arbeiten zu präsentieren. Das Café-Restaurant ist ganz besonderer Ort zum Entspannen und Feiern. Auch heute spürt der Gast einen Hauch der Geschichte und den Geist König Karls und Prinzessin Luises von Preußen. Von Mitte Mai bis Oktober öffnet bei schönem Wetter der gemütliche Außenbereich und wird zu einem Treffpunkt gepflegter Gespräche. Hier lässt sich der Sonnenuntergang im Loungesessel genießen und mit dem Blick in den Park und auf die Blutbuchen, die König Karl I. pflanzen ließ, fühlt sich der Besucher hier wie ganz tief im Süden.

⏵ **Kavalierhaus Langenargen, Untere Seestraße 7, 88085 Langenargen**
www.kavalier-haus.de
⏵ **ÖPNV: Ab Bahnhof Langenargen ca. 10 Minuten Fußweg**

Geist sticht Kapital

 Das Dornier-Museum in Friedrichshafen

Vielleicht der älteste Traum der Menschheit ist der des Fliegens. Schon Leonardo da Vinci sehnte sich wohl nach der Fähigkeit, schwerelos wie ein Vogel zu schweben und hielt seine Ideen in Zeichnungen fest. Doch erst 1903 gelang den Brüdern Wright der erste Flug mit einem motorisierten Flugzeug.

Ein weiterer Pionier der Luftgeschichte ist der im Allgäu geborene Claude Dornier. Nach dem Studium und einigen Anstellungen bei verschiedenen Maschinenbauern wurde er bei der Luftschiffbau Friedrichshafen angestellt. Für Claude Dornier muss das die Erfüllung seines Glücks gewesen sein, denn hier hatte er sich schon lange beworben.

Im Dornier-Museum beim Flughafen Friedrichshafen wird seine Geschichte liebevoll erzählt. Es ist ein Museum zum Anfassen und Erleben, in dem Originale und Nachbauten zu sehen sind, manche davon sind sogar begehbar. Claude Dornier erkannte nämlich, dass die Zukunft in Flugzeugen schwerer als Luft lag. Zeppelin war ja mehr von den Luftschiffen überzeugt, die mit leichten Gasen befüllt wurden. Ein Besuch der Internationalen Ausstellung für Luftfahrt 1913 hat wohl den endgültigen Ausschlag für Claude Dornier gegeben, sich dem Flugzeugbau zu widmen. Am Rande von Friedrichshafen machte sich Claude Dornier 1914 endgültig als Flugzeugbauer selbstständig. Hier entstanden die Flugboote, mit denen Dornier in die Geschichte der Luftfahrt einging. Hierbei profitierte er auch von den beiden Weltkriegen, die Dornier den einen oder anderen Staatsauftrag einbrachten. Nach dem Zweiten Weltkrieg musste Claude Dornier ganz von vorne anfangen, nachdem alles zerstört war. Doch noch einmal bewies er sein Talent als Konstrukteur und entwickelte das erste Transportflugzeug mit Senkrecht-Start und – Landefähigkeit. Zum Glück.

„Nicht das Kapital bestimmt den Wert eines Unternehmens, sondern der Geist, der in ihm herrscht", ist ein bekanntes Zitat des Flugzeug-Pioniers. Dieser Spirit Claude Dorniers ist im Museum auf jeden Fall zu spüren. Ein wahrer Glücksort für alle Flugzeug-Fans.

- Dornier-Museum, Claude-Dornier-Platz 1, 88046 Friedrichshafen
  www.dorniermuseum.de
- ÖPNV: Ab Flughafen Friedrichshafen wenige Minuten Fußweg

Der Ball ist rund ...

77 *Verrücktes Golf im Seepark Linzgau*

Patrick legt sich den Ball zurecht. Im Jugend-Fußball ist er groß dabei. Doch das hier ist eine ganz andere Aufgabe. Der Platz ist nicht rechteckig und ebenerdig ist er nur ein paar wenige Quadratmeter, am Abschlag und am Ziel. Das Ziel ist fast 30 Meter entfernt und markiert durch eine Fahne. Kein rechteckiges Tor. Die Fahne steckt neben einem Loch mit etwa 40 Zentimeter Durchmesser – hier muss der Ball hinein. Und jetzt: Anlauf, mit dem Spann oder spitz kicken, egal – so weit wie möglich. Mit einem einzigen Kick trifft der ungeübte Fußballer kaum das Grün. Fußballgolf heißt der Spaß für die ganze Familie im Seepark Linzgau.

Beim ehemaligen Baggerloch wurden einst illegale Autorennen und wilde Partys veranstaltet. Lange überlegte die Stadt Pfullendorf, was man aus dem stadtnahen Gelände machen könnte. Dann wurde das Landesprogramm „Natur in Stadt und Land" des Landes Baden-Württemberg entwickelt. Der Seepark Linzgau war das erste Projekt im Rahmen dieses Förderprogramms. Als erstes entstanden ein Strandbad, Spielplätze und Grünflächen. Der Seepark wurde von der Bevölkerung gut angenommen und auf einem Teil des alten Baggersees wurde eine Wasserski- und Wakeboard-Anlage installiert. Im Rahmen eines gemeinnützigen Beschäftigungsprojekts entstand „Deutschlands verrückteste Abenteuer-Golfanlage". Minigolf mal ganz anders – mit viel Wasser, technischen Raffinessen und Kunstrasen. Das Projekt wurde mit dem Preis „Deutschland – Land der Ideen" ausgezeichnet. 2012 entstand dann auf 30.000 Quadratmetern die Fußballgolf-Anlage. 18 Bahnen, wie beim richtigen Golf. Nur eben ohne Golfschläger und mit einem etwas größeren Ball.

Patrick ist bereits bei seinem vierten Schlag und inzwischen auf dem Grün. Aber das Runde möchte einfach nicht in das Eckige, ähm, Runde. Zur Aufmunterung tönt der Radio-Kommentar von Herbert Zimmermann aus 1954 aus dem Lautsprecher: „Kopfball – abgewehrt – aus dem Hintergrund müsste Rahn schießen – Rahn schießt! – Tooooor! Tooooor! Tooooor! Tooooor! ..." und jetzt hat auch Patrick seinen Ball glücklich versenkt.

....

 ▶ Seepark Linzgau, Am Litzelbacherweg, 88630 Pfullendorf
www.seepark-golf.de

Eine Perle der Renaissance

78 Das Schloss Heiligenberg

Das Linzgau wird auch gerne als die Toskana des Bodensees bezeichnet und ist schon deshalb ein echter Glücksort. Die Bezeichnung hat mehrere Gründe – einer davon sind die vielen Schlösser in der Region.

Das Schloss Heiligenberg liegt bei der gleichnamigen Ortschaft im Hinterland von Überlingen im oberen Linzgau. Kommt man aus der Richtung vom Bodensee, ist das Schloss schon von weithin sichtbar. Ursprünglich stand dort, wo heute das Schloss steht, eine Burg die unter Graf Berthold von Heiligenberg 1250 gebaut wurde. Im Spätmittelalter wurde die Anlage mehrfach vergrößert und erweitert. Einem glücklichen Umstand ist es geschuldet, dass das Schloss Heiligenberg bei der gleichnamigen Ortschaft im Dreißigjährigen Krieg nicht zerstört wurde. Napoleons Truppen sollten es auf ihrem Rückzug sprengen. Nur dem Versagen eines Zünders ist es zu verdanken, dass das Schloss in der heutigen Pracht noch steht. Durch Eheschließung der Gräfin Anna von Werdenberg-Heiligenberg mit Graf Friedrich zu Fürstenberg im Jahr 1516 gelangte die Burg an das Haus Fürstenberg. Zwischen 1560 und 1575 wurde die Burg zu einem Schloss mit Renaissancehof erweitert. Im Inneren entstand von 1580 bis 1584 der Rittersaal. Mit seiner reich geschnitzten Kassettendecke ist er einer der prächtigsten Festsäle der deutschen Spätrenaissance.

Noch heute ist Schloss Heiligenberg der Wohnsitz von Erbprinz Christian von Fürstenberg und seiner Familie. Doch ein Teil der Anlage steht Besuchern offen. Schlossbesichtigungen werden zwischen Ostern bis Ende Oktober angeboten und diese sind äußerst empfehlenswert – nicht nur wegen der fantastischen Aussicht Richtung Bodensee und auf die Alpenkette. Gerade der Rittersaal beeindruckt als Beispiel der Renaissance. Stundenlang könnte man auf dem Boden liegen und zur reich verzierten Decke blicken – was Christian von Fürstenberg übrigens ab und an tut. Die alte Küche erscheint genauso, wie man sie sich aus Grimms Märchen vorstellt. Und was gibt es glücklicheres, als in einer Märchenwelt zu leben?

Schloss Heiligenberg, 88633 Heiligenberg
www.heiligenberg.de

Auf in den See

79 Die Badhütte in Rorschach

Spätestens, wenn der See die 20 Grad Marke erreicht hat, zieht es Einheimische und Touristen zur Abkühlung ins Wasser. Sein Glück im kühlen Nass findet man in zahlreichen Strandbädern rund um den Bodensee. Es geht aber auch stilvoller – wie im historischen Badehaus in Rorschach. Die ersten Seebäder für Adelige und Reiche entstanden im 18. Jahrhundert in England. Am Bodensee entwickelte sich die Badekultur im Zuge des Tourismus Anfang des 19. Jahrhunderts. Bei dem Gedanken, dass die Menschen einfach ins Wasser hüpfen, sorgte man sich um die Hygiene und die Sittlichkeit. Frauen und Männer gemeinsam halbnackt im Wasser, das ging überhaupt nicht. So baute man Häuser auf Pfählen vor die Ufer, in denen ein ordentlicher Badebetrieb möglich war, der von Bademeistern überwacht wurde. Bis in die 60er-Jahre des letzten Jahrhunderts wurde nach Geschlechtern getrennt gebadet. Auch die Bademeister waren ihrerzeit noch echte Respektspersonen. Von Martha Noll, die ab 1924 das Frauenbad leitete, weiß man, dass sie auf die Türen der Umkleidekabinen mit weißer Kreide die Ankunftszeit schrieb. War die Badezeit abgelaufen, schloss sie die Tür auf und forderte dazu auf, die Kleider mitzunehmen oder nochmals zu bezahlen.

Die imposante Badhütte in Rorschach entstand 1923/24 nach Plänen des Architekten Karl Köpplin. Es ist das einzige verbliebene derartige Badehaus am Schweizer Bodenseeufer. Die Form richtet sich nach den geschlossenen Kastenbädern des 19. Jahrhunderts. In der Mitte gibt es eine Trennung für die Geschlechter. Noch heute sieht man am linken Eingang des Badehauses das Schild „Männerbad", rechts geht es ins „Frauenbad". Trotz Aufhebung dieser Trennung gibt es noch heute ältere Besucher, die noch nie auf der anderen Seite gewesen sind. Vielleicht auch, um einmal eine Auszeit vom anderen Geschlecht zu nehmen.

Das Badehaus präsentiert sich wie vor 100 Jahren und ist in den warmen Sommermonaten am Bodensee immer noch ein beliebter Treffpunkt. Ein Glück, dass solche Traditionsorte erhalten werden.

- Badhütte Rorschach, Thurgauerstrasse, CH-9400 Rorschach
  rorschach.ch/tourismus/badhuette
- ÖPNV: Ab Bahnhof Rorschach wenige Minuten Fußweg

Im siebten Himmel

80 *Die Wallfahrtskirche Birnau*

Etwa 150 Brautpaare geben sich hier jährlich das Ja-Wort und finden ihren Weg zum Glück. Die prunkvolle Barock-Ausstattung der Wallfahrtskirche Birnau mag den einen Besucher erschlagen, für andere doch genau der Ort sein, den schönsten Tag des Lebens zu begehen. Die barocken Engel, allem voran der bekannte Honigschlecker, im Inneren verkünden das Glück Gottes. Wie mag es einem Pater hier gehen, der an manchen Samstagen in der Saison vier Trauungen vollzieht. Sicher, er hat seine Liebe Gott versprochen.

Pater Emmanuel erlebte den Krieg in Ex-Jugoslawien. In einer Nacht verlor er fünf seiner besten Freunde. Er flüchtete nach Bregenz und über mehrere Stationen absolvierte er ein Studium in Philosophie und Theologie. Er schloss sich dem Orden der Zisterzienser an.

Seit dem 14. Jahrhundert betreuten Zisterzienser des Klosters Salem die älteste Marienwallfahrt Schwabens am Bodensee, die auch nach dem 30-jährigen Krieg stetig mehr Pilger anzog. Weil man den Zorn der Bevölkerung fürchtete, holte man sich die Genehmigung für den prunkvollen Neubau still und heimlich ein. 1971 wurde die Birnau von Papst Paul VI. zur Basilica minor erhoben. Pater Emmanuel kam hierhin, um Seelsorge für die Birnau und umliegende Gemeinden zu betreiben. Das Leben der Zisterzienser ist streng und einsam. Um 3.30 Uhr das erste Gebet, um 6.00 Uhr Messe, um 8.00 Uhr die Terz, das dritte Gebet. Nach einem Frühstück geht es zur Arbeit – Unterricht in Schulen oder Pfarrarbeit. Bis zur Nachtruhe um 21 Uhr folgen noch einmal Gebete. Da bleibt wenig Zeit für Zwischenmenschliches. Doch Emmanuel verliebte sich in eine Frau, obwohl das Zölibat für vollkommene und immerwährende Enthaltsamkeit und dem ungeteilten Herzen steht. Pater Emmanuel entschied sich für die Liebe.

Auch wenn sein bürgerlicher Vorname ein anderer ist, der Pater Emmanuel ist ihm in seinem Ausweis geblieben. Ab und an geht er hier spazieren und Menschen grüßen ihn ganz selbstverständlich, ohne zu wissen, dass auch für ihn hier ein neues Leben begonnen hat.

⊙ **Wallfahrtskirche Birnau, Maurach 5, 88690 Uhldingen-Mühlhofen**
www.birnau.de
⊙ **ÖPNV: Seelinie 7395, Haltestelle Wallfahrtskirche Birnau**

Bibliografische Informationen der Deutschen Nationalbibliothek
Die Deutsche Nationalbibliothek verzeichnet diese Publikation in der Deutschen Nationalbibliografie;
detaillierte bibliografische Daten sind im Internet über http://dnb.d-nb.de abrufbar.

© 2018 Droste Verlag GmbH, Düsseldorf
2. Auflage 2018
Konzeption/Satz: Droste Verlag, Düsseldorf
Einbandgestaltung und Illustrationen: Britta Rungwerth, Düsseldorf unter Verwendung von Bildern von
© Fotolia.com: jd – photodesign.de; © iStock: Plociennik Robert
Fotos: Thomas Blasche, außer:
S. 37: Restaurant Schloss Seeburg/Bolliger; S. 67: Helmuth Scham; S. 79: Mosterei Möhl; S. 89: Säntis-Schwebebahn;
S. 91: inatura Dornbirn; S. 111: Rhein-Schauen; S. 127: Spielcasino Konstanz; S. 143: Naturfreundehaus Bodensee;
S. 155: esszimmer Konstanz/Lucia Blummer; S. 161: Seepark-Golf – Bit-Graphik; S. 165: Badhütte Rorschach/Claudia Link
Druck und Bindung: Gutenberg Beuys Feindruckerei GmbH, Langenhagen
ISBN 978-3-7700-2034-8

www.drosteverlag.de